中国企业家典范任正非的**创业真经**

奋斗不息

任正非的24堂创业课

余卓翰◎编著

地震出版社

图书在版编目（CIP）数据

奋斗不息：任正非的24堂创业课 / 余卓翰编著 . — 北京：地震出版社，2018.7
ISBN 978-7-5028-4970-2

Ⅰ.①奋… Ⅱ.①余… Ⅲ.①通信企业－企业管理－经验－深圳 Ⅳ.① F632.765.3

中国版本图书馆 CIP 数据核字 (2018) 第 080773 号

地震版　XM4165

奋斗不息——任正非的24堂创业课

余卓翰　编著

责任编辑：范静泊

责任校对：凌　樱

出版发行：**地震出版社**

北京市海淀区民族大学南路 9 号　　邮编：100081
发行部：68423031　68467993　　传真：88421706
门市部：68467991　　　　　　　　传真：68467991
总编室：68462709　68423029　　传真：68455221
市场图书事业部：68721982
E-mail：seis@mailbox.rol.cn.net
http://www.dzpress.com.cn

经销：全国各地新华书店
印刷：三河市九洲财鑫印刷有限公司

版（印）次：2018 年 7 月第一版　　2018 年 7 月第一次印刷
开本：700×1000　　1/16
字数：173 千字
印张：14.5
书号：ISBN 978-7-5028-4970-2/F(5673)
定价：42.00 元

版权所有　翻印必究

（图书出现印装问题，本社负责调换）

前 言

当前,国家大力提倡"大众创业,万众创新",在国家对创业、创新政策的扶持下,一波波创业者暗流涌动,随后一批批初创企业如遍地开花般崛起,一场创业热潮在轰轰烈烈中涌现。

然而,国家每年有超过1.2万家公司创立,同时却又2/3的企业因为"玩"不下去而倒闭。大多数民营企业总是逃不脱"各领风骚三五年"的宿命,我们也经常能听到和看到太多的关于中国民营企业的崛起后又衰落、倒闭的悲惨故事。但是华为作为一家典型的民营企业却成功了,并创造了业界神话。

任正非从21000元起家,用30年时间,从一个由6人创建的名不见经传的小企业发展为市值千亿、拥有超过17万员工的产业帝国——华为。任正非用自己奋斗不息的创业经历,为华为书写了一部辉煌的创业启示录,让人们在任正非的人生历程中学到了更多的启示与经验。

创业精神的淬炼。在任正非身上,我们可以看到一个真正的管理者所具备的积极心态和优秀品质;在他身上,我们看到了一种罕见的让心灵震撼的力量,那就是踏踏实实、诚信处事的超然心态以及在寻找实现自己人生价值道路上所体现的那份饱满的热情和充满活力的激情。任正非带领每一个华为人所创造出的伟大神话,在人们心中激荡不已,他的锲而不舍、永不放弃、奋斗不息的精神也长久地激励着每一个身处困境的创业者。

用人模式的革新。任正非的伟大精神和优秀品格是人们所钦佩不已的,同时他在企业、团队、员工管理制度方面的天赋和智慧也是让每一个企业家所敬仰的。他总是能用极具高瞻远瞩的眼光看待市场发展趋势,看待企业发展前景,像华为的一盏指路明灯,为华为的发展指明了方向。他所提出的"以奋斗者为本"成为每个华为人艰苦奋斗、吃苦耐劳的指南针,并因此铸就了一批"烧不死的凤凰";他用"工者有其股""不让雷锋吃亏""让听得到炮声的人来做决策"的方法吸引并留住了很多企业精英,为华为创造了更多的价值、更大的贡献。

市场策略的锻造。任正非用"以客户为中心"的原则,服务于客户、服务于市场;用高品质产品赢得了全球的赞誉;以用户体验为中心,让品牌口碑传遍四海,拓展了海内外市场的同时,更奠定了华为国际化企业的声誉。

管理模式的变革。任正非用变革的眼光和手法,为华为制定了卓尔不群的管理模式;用制度这柄富有法制气息的利器将华为逐步带入"无为而治"的境界,成就了华为如今在我国企业管理中的标杆地位。

竞争策略的凝练。任正非用"竞合"与"先僵化,后优化,再固化"的方式为自己打造了强大的竞争力,实现了华为"只做第一,不做第二"的伟大梦想。

创新方略的立异。"创新创业"是任正非引导华为崛地而起之后真正进入国际化扩张跑道,并实现攻城略地的重要战略。任正非用"拿来主义"实现了新旧融合、中西融合,并激发了研发人员的研发活力,让创新产品如泉水一般不断涌进国际市场。

企业文化的沉淀。任正非将华为的企业文化根植于全体员工的思想当中，将"狼性文化"作为企业文化中生生不息的精神动力，在每一个华为人身上得以传承；将"艰苦奋斗"作为企业文化永不褪色的主题，激励每一个华为人塑造吃苦耐劳、发愤图强的职业精神，并以此驱动每一个华为人自发为实现企业的美好愿景而不懈努力。

危机意识的塑造。任正非是一个典型的"忧患重症患者"，他总是无时无刻不在为华为未来的前景而殚精竭虑，无时无刻不在思考华为即将面临的失败和危机，并时刻提醒全员保持危机意识，消除侥幸心理。这种独树一帜的危机意识激发了员工齐心协力的团队精神，使他们爆发出潜在的超常能量，竭尽全力为华为在激烈的市场竞争中创造更好的生存环境。

这就是任正非，无论从哪个方面他都能凭借其卓越的智慧以及奋斗不息的精神，攻破华为发展中的壁垒，带领华为走出困境，成为中国企业走上国际舞台的成功典范。他是中国创新、创业的优秀样板。

本书全面梳理和总结了任正非的创业精神、用人模式、市场策略、管理模式、竞争策略、创新方略、企业文化、危机意识，可以说是中国优秀企业发展的创新、创业真经。此外，读者可以从书中领略任正非在各种场合其管、治企业的风采，以及经营企业的专业素养与优秀企业家精神品质。任正非这种非凡的智慧和奋斗不息的品质在任何时代都值得我们学习。

目 录

第一章 创业精神——创业是创业者的一种精神修炼

第1课：创业是把梦想变为现实的过程 / 002

不奋斗就没有出路 / 002

梦想+实干，两万到千亿不再是神话 / 005

当机遇来敲门，要牢牢把握 / 009

第2课：创业需要做好艰苦奋斗的准备 / 013

创业路上要永远保持激情 / 013

用苦难喂养创业梦想 / 016

板凳要坐十年冷 / 019

第3课：思路决定出路，格局决定结局 / 023

创业要保持一颗理性的头脑 / 023

不做昙花一现的企业 / 026

发展需要静水潜流、大道无声 / 028

第4课：创业最怕的就是不够专注和极致 / 032

创业成功密码：坚持只做一件事 / 032

将战斗力发挥到极致 / 035

第二章 用人模式——创业坚持以奋斗者为本

第 5 课：选对的人，做对的事 / 040

天下英雄尽入吾彀中 / 040

个人英雄主义要不得 / 044

人才任用自由雇佣制 / 047

干部必须从实践中出来 / 050

第 6 课：为奋斗者做阶梯，铺设人才成长之路 / 053

让人才增值先于资本增值 / 053

优胜劣汰企业才能永葆活力 / 056

用最优秀的人培养更优秀的人 / 059

职务轮换，用机制打天下 / 061

第 7 课：有勇气打破固有思想的障碍 / 065

敢于破格提拔任用 / 065

让"听得见炮声"的人来做决策 / 068

第 8 课：强效激励，人人分享收获 / 071

不让"雷锋"吃亏 / 071

股权激励：工者有其股 / 074

第三章　市场策略——以客户为本，以客户满意度为标准

第 9 课：客户就是上帝，就是创业的根本 / 080
时代的竞争是客户的竞争 / 080

为客户服务是企业存在的唯一理由 / 083

客户再小也要见 / 085

第 10 课：不做没有利润的产品 / 089
忽略产品质量，就等于自杀 / 089

产品不要忽略低端市场 / 092

产品竞争以用户体验为中心 / 094

第 11 课：从创业者升华为职业管理者 / 100
使部下成为英雄，自己成为领袖 / 100

自律永远是成本最低的管理 / 103

在黑白之间寻求平衡 / 105

第四章　管理模式——创业企业的"法制"变革

第 12 课：创业离不开制度这柄利器 / 110
组织没有铁的纪律就没持续发展的力量 / 110

处理人要有分寸和水平 / 113

管理的最好境界是"无为而治" / 115

第 13 课：做好财务管理，莫让财务泡沫乱了创业阵脚 / 119
预备"粮草"，准备"过冬" / 119

加强财务管理制度的监管和优化 / 122

将财务人员融入市场 / 126

第五章 竞争战略——打败一切竞争对手

第 14 课：只做第一，不做第二 / 130

要么领先，要么灭亡 / 130

最大的竞争者是自己 / 133

第 15 课：练就以弱胜强的竞争本领 / 137

与竞争对手也要手拉手 / 137

高度重视知识产权 / 140

第六章 创新方略——标新立异，永远不做大多数

第 16 课：创新助企业走向卓尔不群 / 146

不创新才是最大的风险 / 146

没有理论的创新，就是"一地鸡毛" / 150

第 17 课：绝大多数的创新是融合与激发活力 / 153

创新也要"拿来主义" / 153

变革要主张进行"滴水石穿"式的改良 / 156

优化老产品也是一种创新 / 160

第 18 课：创新是一场没有终点的长跑 / 164

与世界共享创新机遇 / 164

先做追随者，后做领跑者 / 167

鼓励创新就要接纳创新失败 / 170

第七章 企业文化——创建有灵魂的企业才能生生不息

第 19 课：企业文化是永不枯竭的资源 / 174

唯有文化才能生生不息 / 174

诚信是企业竞争的最大财富 / 177

坚持自我批判才能长盛不衰 / 180

第 20 课：信奉"狼性文化"，创业要像狼一样去战斗 / 184

以"狼性文化"缔造业界航母 / 184

唤醒团队的"狼性"进攻力和执行力 / 187

狼的眼睛中永远闪烁着希望的光芒 / 190

第 21 课：艰苦奋斗的精神永恒不变 / 193

"烧不死的鸟是凤凰" / 193

"床垫文化"要坚持 / 196

第八章 危机意识——居安思危，不是危言耸听

第 22 课：看似平静的背后往往潜藏着难以预测的灾难 / 200

企业"寒冬"厄运终将来临 / 200

每天都要思考失败 / 203

第 23 课：创业——活下去才是硬道理 / 207

先谈生存，后谈发展 / 207

不能关起门来赶超世界 / 210

第 24 课：危机在前，改革必行 / 213

进攻是最好的防御 / 213

对手优化了，我们不优化是自寻死路 / 216

第一章

创业精神——创业是创业者的一种精神修炼

第1课：创业是把梦想变为现实的过程

每个年轻人都有自己的梦想，然而，梦想是需要通过努力付出才能收获成功的。创业就是坚持把梦想变为现实的过程，但能将梦想坚持下去的人并不多。在创业的过程中，失败不一定是一件坏事，成功也未必就是最终的结果，但坚持梦想一定是一件意义非凡的事情。那些所有在创业路上取得成功的人，在获得巨大成功之前，必须在梦想的道路上努力奋斗，坚持不已。很多时候，只有始终坚持自己的创业梦想，才会有奇迹发生。

不奋斗就没有出路

不奋斗，华为就没有出路。

同时相信每个志向高远、有所追求的人，心中都有一个伟大的梦想，然而，梦想对于每个人来讲，都是公平的，只要你不安于现状，敢于奋起，不论年龄，谁都可以拥有梦想。

但是梦想并不是一句空喊的口号，没有付诸实际行动去为梦想奋斗的人，梦想最终沦为了一场梦，到头来一切皆空，依然站在原点。即便在追逐梦想的路上，你的起点比别人要晚些或暂时处于困境，但只要你肯奋斗不息，终将找到出路、甚至超越别人。所以，在把梦想变为现实的过程中，不奋斗就没有出路。

"不奋斗就没有出路"，任正非就是一个典型的例子。

1982年，对于任正非来说，是人生中最有意义的一天。这天，任正非结束了14年的军旅生活，从此走上了大不相同的人生。

在党中央颁布了新的政策之后，20世纪八十年代的百万大裁军浪潮席卷而来，这样的变革意味着军人的一次集体整编、集体转业。此时，任正非作为一名基建工程兵，正是这大裁军中的一员，所以，已经升职为副团级干部的他，不得不面临一场人生的全新选择。

任正非起初非常迷茫，自从大学毕业后，一直都是在部队生活，十几年的军旅生活已经让他完全适应，并形成了一种依赖感，没有生活压力，不用为生计犯愁。正在此时，任正非收到了上级的通知，因为国家重视技术骨干的培养和任用，所以他作为一名基建工程兵，可以享受特殊的待遇：去军事科研基地工作，可带家属，这对于任正非来说已经是再好不过的安排了。

当带着妻子和两个孩子来到基地之后，孩子们对全新的环境充满了好奇。在四处转悠玩耍的时候，女儿感慨此地荒凉的话触动了任正非的心。虽然女儿说得轻描淡写，但任正非内心却觉得自己亏欠孩子很多。

"是去还是留？"这个问题在任正非内心萦绕了良久，最终，任正非做出了一个惊人的决定：放弃军旅生涯。这也使任正非踏上了他的另一段人生征程。

当时国家正在加大经济特区建设的力度，任正非也将这一区域作为接下来的发展之地，于是，深圳就是任正非开始全新生活的地方。任正非的夫人先进入了深圳南海石油深圳开发服务公司（简称：南油集团）工作，随后任正非也入公司工作。刚进公司，任正非抱着满腔热忱，希望干出一番大事业，于是一边工作，一边关注时事，他发现交换机技术产业是一个极具前景的发展方向，在他成功说服领导之后，便在公司资金的支持下开始投入到研究当中。但遗憾的是，任正非并没有成功，最后只好怀着失望辞职。

一次失败并没有浇灭任正非的工作热情，于是，他选择自己创业。然而，选择什么项目创业是任正非需要认真思考的问题。在一个偶然的机会，一个朋友找任正非帮他卖一些设备，而这个朋友正好是做程控交换机的，这正好为任正非带来了很好的契机，他开始做起了代理程控交换机的生意。

在贩卖设备的过程中，任正非看到了当时中国电信行业对程控交换机的渴望，同时也发现整个市场被跨国公司所把持，民族企业在该领域完全没有立足之地。此时任正非突然表现出了他的商业天才，决定自己做研发。

1987年，任正非带着6个合伙人，拿着21000元，在工商局注册了一家"民间科技企业"——华为通信技术有限公司，意为中华有为。这样，华为就在两间杂草丛生的简易房里正是诞生了。但是，谁也没曾想到，此时已经44岁的任正非，在仅有14个员工的运作下，竟然将此时一个看上去落魄不堪的小公司像一匹来自深圳的狼一样扑向了一个正在高歌猛进的行业，并能够在几十年之后发展成为世界级的大企业，甚至还创造了通信制造业的惊人奇迹。

任正非在自己的不断努力下奋斗不息，从最初给人打工时的失败，到后来自己努力创业取得的成功，实现了一次次逆袭，这完全是他在为自己的梦想而战。不惑之年的任正非虽然受过挫，但依然能满怀信心地挑战自我，找到出路最终成就了辉煌的创业梦想。

其实，创业无论成功与否，对于每一个人来讲都意义非凡；不论年龄大小，都不能阻碍自己为梦想施展拳脚的动力；只要有勇气，只要奋斗不息即便再艰辛，都能成功跨过艰难险阻，获得人生的升华。不管心中有何梦想，不管什么时候开始努力，只要用心努力去做，成功之日指日可待而不奋斗的人则永远找不到出路。

创业笔记

创业是一个把梦想变为现实的过程，也是一个对自身勇气考验、意志锤炼的过程。只要有梦想，只要肯努力，成功与年龄和先后无关。

梦想+实干，两万到千亿不再是神话

希望丢掉速成的幻想，学习日本人的踏踏实实、德国人一丝不苟的敬业精神。

一谈起梦想的时候，我们都会激情满怀，尤其是年轻人，一颗青春的心容易被梦想牵动；当梦想与创业联系在一起的时候，更容易让人豪情万丈；但是，无论你的创业梦想多么伟大，只有脚踏实地才能让梦想不再是一个凌空的词汇。机遇和奇迹往往偏爱那些踏踏实实的创业者。

很多人看到华为从一个名不见经传的小企业一步步发展成为世界级企业感慨和羡慕不已，同时也好奇华为凭借什么能取得今天如此辉煌的成绩？答案很简单，因为任正非在自己的创业生涯中，是一个不折不扣"梦想+实干"的创业者。

在2001年4月24日，任正非发表了一则《北国之春》的文章，在这篇文章中，他写道：

"什么叫成功？是像日本那些企业那样，经九死一生还能好好地活着，这才是真正的成功。华为没有成功，只是在成长。"

可见，在任正非眼中，梦想的成功是需要经历各种磨难的，在一步步成长中才能登上梦想的巅峰。带着这种思想，任正非为了华为的辉煌，踏踏实实地付出了很多。

在当前互联网发展一片大好的时候，有太多的围绕互联网创业的激情在国内迅速燃烧，诸多企业争先恐后与互联网接轨，也有不少巨头企业已经在背靠互联网这棵"大树"后成功坐拥了数亿粉丝和上千亿资产。然而，就在这片大好形势下，任正非却坚持不上市，成为了实干企业家的典范。

进入2000年以后，华为的发展更加迅猛，这与在20世纪90年代初期四处碰壁、发展迟缓的华为相比，已经实现了一种巨大的进步，甚至取得了飞跃性的进展。尤其是接下来的几年，华为的壮大速度更是惊人。

华为2015年的财报显示：华为在2015年全年营业收入达到了3950亿元人民币，净利润达到了369亿元人民币，增速均达30%以上。华为2015年全年营业收入能够达到3950亿元人民币这一数字，比当时三大互联网巨头——百度、阿里巴巴、腾讯的净利润总和还多1500亿元左右，这让很多企业都震惊，也使他们对华为和任正非更加刮目相看。

然而，让人感到惊讶的是，华为自成立以来一直都没有上市，却能够在全球市场中取得如此辉煌的成就，为此，任正非也强调：华为50年内不会上市。

当有人问起任正非华为为何不上市的时候，任正非的答案主旨如下：

因为我们把利益看得不重，就是为理想和目标而奋斗。守住"上甘岭"是很难的，还有好多牺牲。如果上市，"股东们"看着股市那儿可赚几十亿元、几百亿元，逼我们横向发展，我们就攻不进"无人区"了。

可见，在任正非看来，唯有为理想和目标而奋斗的实干精神，才是企业能够快速取得成功的关键。

如今，华为的销售业绩更是惊人。据华为财报显示，仅2017年上半年，华为的销售收入就已经达到了2831亿元，这也使任正非作为华为的领军人物、全球知名创业企业家、实干家在众多企业家中产生了更加深远的影响。

有句话说："从容不迫地谈理论是一件事，把理想付诸行动，尤其在需要当机立断的时候，又是一件事。"可见，梦想和实干是两件不同的事情。华为能够从最初两万元起家的小作坊默默无闻地成长为如今通信领域的全球领导者，并不是整日靠喊口号而实现的，而是靠实实在在的干劲打拼出来的。

实干是一种精神，这种精神源于心态。实现创业的道路是非常艰辛的，充满了艰难和磨砺，唯有面对挑战，一步一个脚印踏实去干，才能使各种创业难题迎刃而解；唯有勇敢迎战，从点滴做起，才能在创业路上开创新局面。

相比于空谈家，梦想的天平会更加倾向于那些脚踏实地默默无闻的实干家，他们不但敢想，还努力去做，用"梦想+实干"成就了自己伟大的创业理想。

创业笔记

年轻人在追求美好创业梦想的同时，一定要立足本职，埋头苦干，这样，一流的业绩才会成就属于自己的精彩人生。请记住一句话：青春如果没有实干，创业梦想就是空想。

当机遇来敲门，要牢牢把握

当前，4K/2K/4G和企业政府对云服务的需求，使网络及数据中心出现了战略机会，这是我们的重大机会窗，我们要敢于在这个战略机会窗开启的时期，聚集力量，密集投资，饱和攻击。扑上去，撕开它，纵深发展，横向扩张。

在创业的路上，能够遇到大展拳脚的机会是非常难得的，很多人在强调自身能力的时候，却往往在机遇来敲门的时候不知道如何把握机会，以致让机会擦肩而过。在这一点上，任正非是非常值得我们学习的。

虽然任正非以前谦逊，从不认为自己是一个成功的创业者，他总是说：华为没有成功，只是在成长，但我们不可否认，任正非是一个非常善于发现机遇，并能在机遇来临时善于把握的人。

在任正非创业初期，我国正处于后发追赶型经济浪潮，当时的企业如果没有"机会"战略思想的引领，是很难在市场中立足的。这样的大环境，为任正非创办华为能够从一条"小鱼"逐渐变为"大鲸"提供了很好的机遇，创造了很好的条件。

正如任正非在《北国之春》里说过这样一段话：

华为成长在全球信息产业发展最快的时期，特别是中国从一个落后网络改造成为世界级先进网迅速发展的大潮流中，华为像一片树叶，有幸掉到了这个潮流的大船上，是躺在大船上随波逐流到今天，本身并没有经历惊涛骇浪、洪水泛滥、大堤崩溃等危机的考验，因此，华为的成功应该是机遇大于其素质和本领。

  这段话虽然有些自谦，但却十分准确地解释了华为成长的背景和必要机遇。任正非有一双能够敏锐捕捉市场机遇的慧眼，所以他能够抓住国内程控机的空白市场，凭借自己打造的先锋产品成为国内市场的霸主。但他善于发现机遇的眼光并不仅限于此，在此之后，任正非还瞄准了光纤通信的时机，从而将华为推向了光纤技术的开发，并快速在该领域占据先机。

  随着中央推进"村村通"（农村各地接入电话线）计划活动的开展，任正非又在这个领域看到了潜在的农村巨大市场，于是他不放过任何一个发展机会，结合农村的实际情况，研发了一款全新的技术ETS4500。该技术具有的最大优势就是覆盖面更广，光纤能够从基站到达方圆7000公里的地方。这一创新研发，给农村生活的民众带来了更大的便利，更重要的是物优价廉，让百姓享受到了实实在在的优惠。也正是因此，华为成为了"村村通"最大的供应商之一。

  时代在推进，机遇随时都有。在此之后，任正非又一次大胆预测，在未来电信技术将成为影响人们生活并与人们生活息息相关的一项技术。任正非向来敢想敢做，于是就开始着手3G技术的研发。在研发过程中，任正非先后投入将近10亿元的研发资金，并注入了大量的人力资源。深圳华研负责WCDMA数据卡的研发，北京华研主攻WCDMA手机的研发，美国华研担任芯片和核心技术的研发，瑞典华研承担用户界面设计以及对消费者的研究工作，韩国华研负责工业设计和结构设计，印度华研提供软件和算法支持。

经过轰轰烈烈的筹备和研发,历时八年,各种失败是司空见惯的事情,但华为最终还是在3G技术上获得了成功。

在接下来的时间里,任正非抓住机遇,创业的脚步并没有因为一时的成功而停歇片刻。他总是能随时随地地嗅到商机,并能够果断抓住商机为己所用,因此接二连三地推出了各种新品项目。

2003年,华为在国内推出了首款WCDMA手机,使得华为成为了全球为数不多的提供3G端到端解决方案的供应商之一。在此之前,任正非发现校园打电话存在很大的难题,于是带领团队在两个月的时间里就推出了校园201卡,非常受学校学生的青睐。很快,在市场中引起了强烈的反响,在全国范围内迅速拓展市场,并成为当时占据市场通信业务40%的电信企业。

任正非能够抓住机遇发展和壮大华为的例子远远不止这些。华为的发展速度相当惊人,然而,在惊人的背后,就是因为有任正非这样一个能够独具慧眼,发现机遇并利用机遇的优秀领导者。

然而,很多创业者并不是都能够像任正非一样善于发现机遇和利用机遇,他们在创业过程中,尤其是创业的初级阶段,往往怀揣着一种保守态度,不敢于冒险去接受机遇的挑战,而是选择尽可能的规避风险。正所谓"有胆量,才能有产量",任正非敢于接受挑战的胆识,让华为在他的带领下发展得蒸蒸日上。可见,机遇对于创业企业来讲,不仅仅意味着是一种大胆的挑战,更代表着生存。创业企业能否活下来,甚至活得更加精彩,关键就在于创业者能否抓住眼前的大好机遇并加以利用。

创业笔记

　　创业因机会而存在，但机会往往具有时效性，瞬间即逝。大多数机会都不是显而易见的，是需要去发现和挖掘的，如果每个机会都是显而易见的，很快有人去开发，创业的有利因素也就很快不存在了。

第2课：创业需要做好艰苦奋斗的准备

如今，有很多年轻人已经变得缺少吃苦的精神，在最能吃苦的时候选择了安逸。吃苦其实是对人的一种考验，年轻人更应该挑战自我，加强自我锻炼，经过风雨的洗礼，让自己的人生得到升华。

尤其是创业，对于年轻人来讲，更是一个充满艰辛和困难的过程，没有做好艰苦奋斗的准备，必然是无法坚持下去的，更何谈成功？创业，必须做好艰苦奋斗的准备。

创业路上要永远保持激情

华为20年来，从青纱帐里走出来，一个孤独的"农民"，走在一条曲曲弯弯的田间小路，像当年堂吉诃德一样的封闭，手拿长矛，单打独斗，跌跌撞撞地，走到今天。

任正非将华为比作是从青纱帐里走出来的"农民"，有了积极向上、在跌跌撞撞中依然能够保持激情四射的创业决心，才有了华为今天的辉煌。

任正非的这句话中其实也在告知每一个正打算或者已经走上创业之路的年轻人：创业不会总是一帆风顺，肯定会荆棘丛生、困难不断，如果不能长时间保持创业激情，就势必在创业路上丧失斗志和继续前行的动力。

在现实当中，很多创业者有心创业却无力坚持，最终使企业夭折，因为他们没有任正非所具备的创业热情。

1994年，任正非发出了振聋发聩的十年狂想：10年之后，世界通信行业三分天下，华为将占一分。当时没有人相信任正非，认为任正非是一个"疯子"，竟然敢说出这样的话，据说当时在场的人都友好地笑了起来。然而，让人们惊讶的是，这一天真的到来了——虽然这一天姗姗来迟，但总算在以任正非为领袖的华为人的努力下，变为现实。

据原华为副总裁张建国回忆：1990年，仍处于初创阶段的华为仅有员工20人，但"任老板很能激发年轻人的激情，经常给我们讲故事，讲未来"，用理想引领年轻人的热情与投入。

任正非不仅善于激发年轻人的工作激情，他本人也是一个激情投入的创业者，一直以来都是兢兢业业，没有丝毫松懈。当初，在加入南油集团的时候，他就怀着满腔热情给老总立下"军令状"，要求能将旗下的一个公司交给他管理，但并没有获得批准。

之后，在南油集团搞研发虽然失败，但这并不影响任正非追逐梦想的激情，他用21000元开始了自己的创业。任正非为了实现自己的创业梦想，每天工作15—20个小时，在他的世界里，没有纵情享受，多年来唯一不变的就是时刻保持激情不懈奋斗，不断苛求胜利和超越自我的信念和决心。在这种工作激情下，任正非作为一名领袖，将华为发展壮大。

近年来，在任正非的带领下，华为在运营商业务、终端业务和企业业务三个方面齐头并进，步入了有史以来最辉煌的时期。但是，对于任正非而言，他认为现在更具战略性和颠覆性的还是云计算技术，这一技术关系到华为未来的生死命运。于是，任正非再次表现出高涨的创新激情，向世界高科技水平再次发起冲击。

在任正非的正确领导下，2012年底，华为拥有来自全球156个国家和地区超过15万员工，其中研发人员在总人数中占45.36%，外籍员工接近3万；2014年在《财富》世界500强排行榜中，华为排行全球285位，与2013年相比上升了30位；2016年12月31日，华为全球员工总数约18万人，在《财富》世界500强中排行第129位；2017年，华为又有一次创下了惊人的成绩，以785.108亿美元营业收入在世界500强中排名第83位，较2016年提升46位。

不得不承认，任正非是一个极富激情，为信念而战的硬汉，不论创业路上充满了艰辛还是困难，他都能凭借自己坚韧不拔的激情勇往直前，从而一步步引领华为不断创造商业奇迹。

任正非这种精神状态是每一个立志创业并希望能够闯出一番天地的创业者应该学习的。在创业的过程中，资金、技术、运营、管理等诸多问题比比皆是，甚至困难比想象多得多，此时，就应该像任正非一样一直在进取的氛围里保持着别人无法理解的激情去"折腾"一番。这样，在忍耐了常人难以体会的艰辛之后，才能持长剑在荆棘丛中杀出一条血路。

创业笔记

成功其实就在前方，关键看你是否有激情去为之奋斗。命运永远不会偏袒那些遇到困难就半途而非、缺乏激情的人。只有那些富有激情、勇于进取的人，才会在创业的大军中脱颖而出。

用苦难喂养创业梦想

世界上我最佩服的勇士是蜘蛛，不管狂风暴雨，不畏任何艰难困苦，不管网破碎多少次，它仍孜孜不倦地用它纤细的丝织补。数千年来没有人去赞美蜘蛛，它们仍然勤奋，不屈不挠，生生不息。

我最欣赏的是蜜蜂，由于它给人们蜂蜜，尽管它多螫，人们都对它赞不绝口。但不管如何称赞，蜜蜂仍孜孜不倦的酿蜜，天天埋头苦干，并不因为赞美产蜜少一些。

俗话说"不经一番寒彻骨，怎得梅花扑鼻香"，对于年轻人而言，青春最厚重的底色就是"奋斗"，最可贵的精神就是"奋斗不息"。有时候，我们离实现梦想的距离并非遥不可及，只要多下一番功夫，多吃一些苦，梦想就会在不经意间实现。

对于年轻的创业者来讲，苦难是其必修课。任正非的创业过程，是一个用苦难喂养创业梦想的过程。

当时，任正非在做程控交换机代理的时候每天自己跑销售，自己联系厂商出售产品，艰苦的环境更加磨砺了他不服输的意志和吃苦耐劳的精神。

直到1991年，任正非才积累了一点资金，但技术、经验、资金、方法等方面却严重滞后，此时，他想要进行产品创新，研发属于自己的小型程控交换机，而他这种创新的想法存在很大的风险，因为当时国外同行的产品已经在国内和全球市场中趋于成熟，且性能十分稳定，技术更新也非常快，他们在这几方面毫无优势可言，如果创新不成功就会使华为很快夭折。显然，任正非的这一决策是孤注一掷的，然而他却想了一个置之死地而后生的办法——开了一次动员大会传达了这样的意思：这次研发如果失败了，我只有从楼上（五楼）跳下去，你们还可以另谋出路。与任正非携手共进的创业者们认为，为公司的生存发展杀出的一条希望之路的时刻到了！

于是，大家夜以继日地拼搏，他们倾其所有，全部将资金投入到创新的研发项目当中，由于贷款难的问题，大家不计报酬，将月薪的一半拿出来用于公司的发展，并且东拆西借，甚至向大企业高利贷借款（年息是20%—30%）。

同时他们在深圳的宝安县租住了一个厂房作为交换机的研发基地。刚开始的时候非常艰难，他们将整层楼进行分割，形成单板、电源、总测、准备四个区域，剩余的空间则做成厨房和宿舍。十几张床挨着墙一字排开，床不够用，就用泡沫板加上床垫代替。所有人吃住都在里面，不管是领导还是员工，干累了就睡一会儿，醒了接着干，所以人们将华为的这种艰苦奋斗的创业文化叫"床垫文化"。直到今天，任正非的办公室里还有一个简陋的小床，并且华为在欧洲打拼的员工也会在累了的时候就地打起地铺休息,这都是最初创业时期延续下来的传统。他们的竞争对手对此无不称赞。

由于当时没有空调,任正非和自己的"战友"们只能在40多度的机器高温下挥汗如雨、夜以继日的工作。任正非更是身体力行,整日泡在公司里,同员工们商讨可能和已经遇到的苦难,然后再研究解决方案。

1992年,在大家共同的努力下,华为已经有所壮大,华为的员工从最初的14人增加到了200多人。这一年冬天,公司到深圳经济特区外的西乡开会,开完会回来的路上,车子陷进了泥坑里,任正非二话不说,第一个下车,脱掉鞋袜毫不犹豫地跳进泥坑里推车。于是,公司的其他人员也纷纷下车,合力将车子从泥坑里推了出来。

华为的很多老员工在谈起当年的情景时不禁为之精神一振。张建国认为:任正非的这种精神完全弥补了当时公司物质极度短缺的艰苦劣势,使得大家都在华为为未来的美好明天而齐心协力。那种情景恐怕只有在20世纪五六十年代的中国才能见到;在华为历史上,也很少再有第二次。可见,任正非用苦难喂养创业梦想的精神在当时多么受人景仰。在创业的路上,正是因为任正非吃过苦、能吃苦、善吃苦,他才成为中国商界的教父级人物;正是因为他和自己的员工都崇尚苦干精神,都具有吃苦耐劳的优良品质,华为才能够一步步发展成为世界通信设备企业的领头羊。

人的一生,苦难是最好的老师,它教会人如何去生存,如何坦然面对,如何奋斗不息,因此有人将"苦难"称作成功者的"财富"。任正非正是借助这种"财富",才让华为在创业初期挺过了最艰难的日子。

吃苦耐劳是大多数创业者的一大竞争优势,创业的成功,不仅是需要大量的资金和强大的实力,同样也需要一种能够克服千辛万苦的耐力,这样才能把创业梦想变成现实。

创业笔记

屈原在两千多年前就感慨道:"及年岁之未晏兮,时亦犹其未央。恐鹈鴂之先鸣兮,使夫百草为之不芳。"就是说趁着现在年华尚未迟暮,趁着青春的大好时光。既然想要创业,何不甩开膀子大干一番?只要未来能成功,现在吃点苦又何妨?

板凳要坐十年冷

在冷板凳上坐的都是一代英豪。科学是老老实实的学问,要有思想上艰苦奋斗的工作作风,要有坚定不移的精益工作目标,要有跟随社会进步与市场需求的灵活机动的战略战术。做实不是没有目标、没有跟踪、没有创新;但没有做实就什么也没有。

相信很多人会问:"创业的人那么多,为什么成功的人却凤毛麟角?"其实答案很简单。创业者不但需要具备智慧、远见、资金、技术、经验等基本创业条件之外,还应当具备一项必需的素养,那便是"耐心"。

创业好比是拿着鱼竿去垂钓,手稳、心稳,鱼儿才能上钩。"手稳"就是必备的创业条件,"心稳"就是具备的创业素养。

任正非在一次专访中强调：

高科技领域最大的问题，是大家要沉得下心，没有理论基础的创新是不可能做成大产业的。"板凳要坐十年冷"，理论基础的板凳可能要坐更长时间。

虽然这句话是任正非对员工提出的建议，但更是点破了自己带领华为蒸蒸日上的其中一个原因——耐心。

进入20世纪40年代，整个时代中，计算机的出现使得社会进入了信息化时代，并且在全球掀起了一场信息革命。在这场革命中，信息产业成为了当代经济体系中最能够创造财富的产业。在市场中，谁能够优先掌握信息，并能够将其转化为经济优势，谁就能在市场中获利，所以，企业要想在这个时代不沦为落后者，就需要抓紧时间培养人才，抓紧机会去赶超。

1997年，任正非出美访问，回国后感慨良多，也意识到很多迫在眉睫的问题，并将这些问题在《我们向美国人民学习什么》中重点提出：

"十年之内，通信产业及网络技术一定会有一场革命，这已为华为的高层领导认识。在这场革命到来的时候，华为抓不住牛的缰绳，也要抓住牛的尾巴，只有这样才能成为国际大公司。这场革命已经'山雨欲来风满楼'了，只有在革命中，才会出现新的机遇。"

虽然发达国家已经先于中国起步，中国企业很难在信息产业领域与美国、日本等国家并驾齐驱，但任正非并不气馁，他认为，只要能沉下心来奋起直追，必将在信息产业领域成为世界级的龙头企业。

当时，国际上已经有了两种主流的数字蜂窝通信技术：GSM和CDMA，任正非认为，要想赶超其他国家，首先就应当在这两个方面进行突破。所以，在接下来的时间里，任正非带领上千人人组成的研发团队沉下心来，不惜一切代价钻研GSM业务，在CDMA方面，也投入了几十人的研发力量。

由于华为当时资金实力并不雄厚，不能保证与在参与大中城市、国际市场的竞争中取胜，所以，任正非认为以农村为突破口，承受的风险相对要小很多，而且农村对于产品的要求不高，注重实用就行，这样，华为在农村包围城市、再在向国际市场扩张的策略下，首先向农村市场进军，不断增强自有资金实力。1998年推出GSM解决方案之后又适时地将市场逐渐从农村拓展到更大、更具竞争力的主要城市。

虽然在三年的时间里华为并没有打开世界市场，但在此之后依然没有放弃成为世界一流通信设备的供应商的梦想，在经过"战狼"调整之后，任正非依然在信息产业领域"坐冷板凳"，潜心研发，并直接从GSM跨越到了3G，最终掌握了从WCMA系统技术到芯片设计的全套技术，成为了全球少数几个能够提供全套商用系统的厂商之一。到2004年，华为已经拥有了包括WCDMA、CDMA2000、TD-SCDMA产品在内的全台移动通信解决方案，不但与爱立信、杯垫、NEC、西门子共同缔造了CPRI联盟，还成功使得3G产品在欧洲和美国两个地方商用，这使得华为成为了全球3G的领先者，一举将华为推上了国际大企业的行列。

如果没有任正非带领团队在研发技术上始终如一地坚持"坐冷板

凳",那么华为也不可能取得今日的成就,任正非的这一创业经历告诉每一个有志创业的年轻人:那些能够抓住时机获得成功,并走向国际的企业都是付出了比其他人千倍万倍努力的努力,它们沉下心来潜心发展才获得了日后的成功。

创业笔记

创业路上,总是失败者多于成功者。创业能否取得成功,除了高明的战略之外,更需要一份耐心。

第3课：思路决定出路，格局决定结局

性格决定命运，气度决定格局，细节决定成败，态度决定一切，思路决定出路，高度决定深度，格局决定结局。一个企业，要想成功达到巅峰，就需要给自己进行定位——目标高远，则企业走得更远；而格局定位能改变企业的命运。

创业要保持一颗理性的头脑

在2002年公司濒于崩溃时，400人的干部大会上，公司明确从鸡肋战略抓起，当时IT泡沫破灭，北电把光传输带到了谷底。公司那时明确，将光传输作为公司的"鸡肋"，全力扑上去抓住这根"鸡肋"，现在光传输上是在茫茫黑夜中，领袖托着用自己心点燃的火炬，照亮了前进的方向。

很多创业者都是抱着一夜暴富的心态去创业的，然而，纵观一个个

鲜活的创业案例，成为行业中的"独角兽"并非一朝一夕，但凡成功的创业者都是不骄不躁，不急于求成者，他们往往时刻保持着理性，在稳中获胜。

任正非深谙这个道理，他理性地认为，在大家已经形成格局并占领市场的地方"作战"，无异于以卵击石，取胜的几率微乎其微，甚至还会让自己"伤得体无完肤"；如果另辟蹊径，能在别人都瞧不上的"盐碱地"上干出一番事业，那么同样可以通过自己一点一滴地耕耘收获属于自己的成功。

"盐碱地"就其本意来讲，是含盐量非常高，严重影响农作物生长，甚至颗粒无收的地方，而任正非将商场中那些并不会给企业带来任何利润的领域比作"盐碱地"，并希望自己能在大家都放弃甚至忽略的地方"播种"，这样没有竞争者参与，可以使得自己能够更加顺利地实现扩张，最终不但自己可以在市场中站稳脚跟，更能够成为率先进入"无人之境"的世界霸主。

也正是很多西方企业担心在这些领域投入大量人力、物力、资金后得不偿失，所以才给了华为一个有机可乘的机会，当年华为抢滩俄罗斯就是很好的例子。

华为自1996年开始进入国际市场，同年也向俄罗斯进军。起初，由于华为在俄罗斯并没有什么知名度，所以很难在俄罗斯拓展市场，恰逢当时爱立信、自门子等跨国巨头已经先于华为做好市场布局，所以华为举步维艰。但到了1997年，俄罗斯经济陷入低谷，曾经红极一时的西门子、阿尔卡特、NEC等公司纷纷从俄罗斯撤资，俄罗斯对电信市场也失去了信心，并且几乎不再对该领域进行项目投资。

当别人纷纷退出俄罗斯电信领域这一"盐碱地"的时候，任正非却要欣然前往。1997年4月8日，任正非亲赴俄罗斯的军工重镇——乌法市，与俄罗斯的合资公司贝托华为的签字仪式。

但俄罗斯的经济盘子很大，一时之间很难复苏，所以，在1996年到2000年的这4年当中，华为几乎利润为"0"。在外国巨头纷纷撤资的情况下，华为选择了继续坚持，最后，华为在俄罗斯只留下几个人留守，他们不断寻找商机，等待别人的服务有所放松，别人的设备出错的时候全力去争取，后来，终于有一个运营商在设备上出了问题，在该运营一筹莫展的时候，抱着试一试的态度使用了华为的一个小型元器件，结果客户花了较小的成本就解决了大难题。华为在俄罗斯的市场的第一笔生意就是卖了这个价值为37美元的元器件。4年的等待与坚持，终于在"0"销售上有了突破，这次成功也让俄罗斯华为大为振奋。接下来几年的时间里，俄罗斯华为凭着国内华为总部的坚实后盾发展迅猛，过关斩将，一发不可收拾。

2000年，华为斩获乌拉尔电信交换机和莫斯科MTS移动网络两大项目，大举拉开了俄罗斯市场销售规模的步伐；2002年年底，华为又获取了3797公里超长距离的莫斯科到新西伯利亚国家传输干线的订单。事实上，从2001年开始，华为公司在俄罗斯的投入已经开始出现利润回报，公司的业绩也是直线上升，并在之后的几十年里达到了几十亿美元的年收入。

抢滩俄罗斯成功让任正非更加笃定：俄罗斯就是华为最佳的市场选择。任正非明白，华为在发展的道路上要想让自己不断壮大，就绝不能贸然行动，不可企图去西方的主流市场抢占业务，这样不但不能抢占成功，反而会将自己葬送，最好的办法就是在一些西方大企业不那么重视或者已经完全难以盈利的市场中做文章，这样才能将现有局势反转，一举获得成功。

不懂任正非的战略的人往往认为任正非这种并不在乎领域做市场拓展的做法是任正非一种不自信的表现，但他们并不知道任正非是一个时刻都保持理性的人，他的目的是让华为在避开竞争压力的有利情况下快速实现攻城略地，这其实正是他智慧的体现。

创业笔记

往往迫不及待、急于求成的人却在手忙脚乱中乱了创业的阵脚，反而让创业企业发展缓慢，甚至因为一时的"快"而让整个企业之前积累的成果瞬间"坍塌"，最终走上不归路。所以，在创业过程中，要让自己回归理性，一步一个脚印才能从成熟走向成功。

不做昙花一现的企业

希望大家不要做昙花一现的英雄，华为公司确实取得了一些成就，但当我们想多在这个成就上睡一觉时，英雄之花就凋谢了，凋谢的花能否再开，那是很成问题的。在信息产业中，一旦落后，就很难追上了。

在创业路上，有太多的企业曾经名声大噪，备受追捧，然而却在后来如同一朵昙花最终凋零这是令人唏嘘的事。

从任正非创建华为至今，华为已经成长为一个出色的世界级大企业，但任正非却依旧有很强的危机感，他向全体员工发出不做昙花一现的英雄的呼喊，避免华为患上大公司病。同时也时刻不忘提醒自己，商场上没有常胜将军，要有危机意识，不要做昙花一现的企业。

在2005年的时候，华为官方数据显示，该年其实现合同销售额达到了82亿美元；2006年时，华为的官方数据又显示，该年其实现合同销售额达到了110亿美元，其中65%的销售额来自国际市场。这两年，华为的销售额年年增加，员工规模不断扩大，企业规模也在迅速壮大，很多人认为华为已经进入了最佳发展状态，甚至有人将华为的这两年比作是"华为最好的时光"。

但任正非却并不认同别人的这种观点，在他眼中，华为没有什么时候是最好的时光，唯有常怀危机意识，才能在危机到来之际有所防范，并能够采取相应的应对措施。有人认为电信行业这几年发展如火如荼，任正非这是杞人忧天，但任正非认为未雨绸缪终归要好于放松警惕。

虽然华为在2005年和2006年的销售业绩取得了惊人的成绩，但任正非并没有因此而沾沾自喜。他用独到的眼光看到了电信的未来：虽然眼下电信设备市场业绩保持增长趋势，但电信设备的价格却呈现出快速下降的趋势，所以任正非认为电信行业正在变"穷"。

的确，从2004年到2005年期间，无论是GSM-BSS还时CDMA-BSS其用户价格都有所下滑，二者的用户价格平均下滑了44%；虽然宽带接入的下滑速度没有电信设备的快，但也平均每年下降29%，这样的价格，让电信运营商的日子越来越难过了。

任正非这种放远眼光，时刻居安思危的心态，能够让他及时发现华为在发展中的缺陷和不足，所以他总是能让华为领先于其他企业一步。试想，如果当时任正非因为一时的成功坐享欢愉而变得懒散，疏于警觉，那样势必让华为在快速发展的市场经济中成为当时最为璀璨的彗星而在短暂闪烁后快速陨落。

任正非这种敢于直面自我，未雨绸缪的表现，让我们每个人为之敬佩。所以，对于每一个创业者来讲，要戒骄戒躁，时刻保持高度的警惕，才能时刻让自己保持不败之地。

创业笔记

"创业艰苦，守成更难。"创业犹如打江山，打江山容易守江山难；创业者具备一定的危机意识，才能在危机来临前就有所察觉，做好准备，企业才能常胜不衰。

发展需要静水潜流、大道无声

我们要的是成功，不是口号。有人说华为公司运行得平平静静，没什么新闻，是不是没戏了；我们说这叫"静水潜流"：表面很平静的水流，下面的水可能很深很急。倒是那些很浅的水在石头上流过去的时候才会泛起浪花。

创业很少是富家公子的选择，创业本身就是一件非常艰苦的事情，所以很多人在中途选择了放弃。创业更加适合那些没有什么退路的人。

在任正非眼中的"自己"和别人赋予他的标签似乎有很多差别，别人说任正非是一个非常低调的人，而他本人却说自己其实喜欢夸夸其谈，"否则不可能鼓动十几万华为人"；别人说他在业界是一言九鼎、响当当的人物，而他却说"其实我们是个无足轻重的公司"，相比中国每年亿万级别的出口，华为对美国的销售额每年只有10亿美元；在任正非眼中，他并不是什么英雄，只是个被生活追赶着、担心明天就会失败的商人。

任正非如此谦卑的性格，也使他在任何事情上都能够低调行事。在大多数人眼中，华为作为世界级企业，其老板一定是一个经常在媒体报道中出现的优秀企业家。然而事实却并非如此。2005年，任正非被美国《时代》周刊评为"影响世界的100位名人"是作为当时唯一的中国企业家入选的。《福布斯》也为任正非能够取得这样的成绩而给出了这样的评价："任正非是一个很少出现在公众视野中的人物，却是国际上最受人尊敬的中国企业家。"事实上，这句非常中肯的评价，就是任正非平日的真实写照，他很少像其他企业家一样出现在镜头和媒体面前，自从创办华为以来，任正非几乎没接受过任何专访，也从不参加任何颁奖、评选活动，就连那些宣传华为品牌形象的活动，他也一律拒绝。

有人问及任正非拒绝媒体的原因，他是这样回答的：

"我们有什么值得见媒体的？我们天天与客户直接沟通，客户可以批评我们，他们说了，我们改进就好了。对媒体来说，我们不能永远都好啊，不能在有点好的时候就吹牛，我不是不见人，我从来都见客户的——最小的客户我都见。"

不但如此，任正非平日都过着深居简出的生活。像任正非这样的有身份、有地位的大佬，完全可以选择助理、保镖，前呼后拥地走VIP通道，或者豪车接送，然而，任正非这位富有传奇色彩的大企业家却把自己当成一个普通人，他从不买豪车，七十多岁高龄还经常搭出租车独自外出，独自坐地铁。

正因如此，所以在人们眼中，任正非和华为一直带有神秘色彩；在任正非的领导下，整个华为的发展都是走低调路线。

相信不少人会认为华为是成功的手机销售商，却不知道华为已经是全球最大的电信设备商，服务着全世界170多个国家，超过30多亿人口，即使在4G技术领先的欧洲，华为也有过半的市场占有率。

当很多企业在做大之后，就会想方设法投机取巧的搞房地产、搞资本炒作，搞假大空去上市圈钱，而华为则对此无动于衷，一心一意地把产品做好，把技术做强，这样一种低调做事的精神充分体现了任正非作为一个华为人的美好灵魂。

华为这种"静水潜流、大道无声"的低调发展方式，降低了华为的竞争对手对其的关注度，给自己的发展前景和超越对手赢得了机会和空间。

在2008年，中兴的手机出货量累积超过了1亿部，为此中兴大摆庆功宴；而此时华为手机的出货量早已超过1.5亿部，却无人知晓；当中国电信C网招标时，一项将研发重心放在WCDMA上的华为却突然成为"程咬金"，杀入CDMA设备招标中，并在份额上一举超越当时的行业领头羊——华为的低调如此有杀伤力，且手起刀落，刀刀见血。

华为能够如此低调的发展与任正非这位老板有莫大的关系。他从军多年，深谙中庸之道的处世哲学和企业发展之道，为人低调、从不张扬是他一贯的风格。因为低调，任正非和他所领导的华为少了很多浮躁；因为低调，华为的发展变得更加沉稳强劲。"低调"并没有妨碍华为走向卓越，反而更能约束华为及其员工。

创业笔记

"木秀于林，风必摧之"，但凡那些做事喜欢夸张、张扬的人，都很难成就大事，创业更是如此。未来终将是那些低调而有实力的人的天下。

第4课：创业最怕的就是不够专注和极致

一个企业，倘若没有过硬的产品，很难赢得消费者青睐，很难赢得市场。尤其对于刚起步的创业公司而言，最怕的就是不够专注和极致。专注和极致思维关乎生存。创业者在手中的资金、人脉、资源都非常有限的情况下，唯有集中力量专注攻克一个突破口，将产品做到极致，才能获得消费者的支持。

创业成功密码：坚持只做一件事

从创建到现在，华为只做了一件事——专注于通信核心网络技术的研究与开发，始终不为其他机会所动摇。敢于将鸡蛋放在一个篮子里，把活下去的希望全部集中到一点上。

有的人在创业过程中认为为了让自己的企业能够更好地存活，应当多做几件事情,这样即便东方不亮还有西方。但怀有这种想法的创业者是否想过,自己的初创企业是否足够的大,创业资金是否足够的多,是不是允许自己有多次失败和试错机会。

人们常说"贪多嚼不烂",当你在很多件事情、好几个项目上倾注你的注意力时,那么你平均分配到每件事情和每个项目的精力就十分有限,这样的结果是:什么都想做,但最终什么都没做好。但如果你只一心做好一件事,那么可以将这件事做得更好。

数据显示:中国中小型企业的平均寿命仅为2.97年,中国集团企业的平均寿命大概为7—8年,欧美企业的平均存活时间为40年,日本企业的平均寿命则达到了58年。所以,在欧美和日本我们经常能听到和看到很多百年企业。

任正非自创建华为以来就明白,要想让华为能够"活得长久",就要有长远的战略眼光,踏实的前行步伐、专一的做事态度,否则盲目求多,势必让华为惨烈地倒下,所以任正非带领团队坚持28年来只是专注于把产品做好,从华为创建开始就将它的使命锁定在通信核心网络技术的研究与开发上。

在任正非出国考察时更深刻地意识到"精益求精做好一件事"的重要性,因此归国后大力提倡华为全员要"学习日本的工匠精神,一生专注做一件事"。

在2016年3月5日任正非在接受记者专访时,记者问到华为的成功密码是什么,任正非如此回答:

"华为坚定不移28年，只对准通信领域这个'城墙口'冲锋。我们成长起来后，坚持只做一件事，在一个方面做大。华为只有几十人的时候就对着一个'城墙口'进攻，几百人、几万人的时候也是对着这个'城墙口'进攻，现在十几万人还是对着这个'城墙口'冲锋——密集炮火，饱和攻击，用每年1000多亿元的'弹药量'炮轰这个'城墙口'。"

任正非带领自己的团队成员在"压强原则"的基础上，对准'城墙口'强攻，形成了局部突破，所以才一步步取得了技术的领先和利润空间的扩大。技术的领先带来了机会创利润，华为又将积累的利润投入到产品的升级研发当中，如此周而复始，不断改进和创新，促成了华为在世界市场中的领先地位。

今天，尽管华为的实力已经得到了极大的提升，但却依然坚持压强原则，集中力量只投入核心网络的研发，从而形成了自己的核心技术。

任正非就是一个"一生只做一件事"的人，他率领的华为也是这样的企业。正是因为华为的这种专注的态度，以及长时间将精力集中投入到一件事情上，华为才能将这件事通过努力一点一滴做到极致，才能不断获得进步和提升。很多初创企业的企业家往往野心勃勃，他们认为自己可以在数量优势上取胜，通过拉长"战线"、拓宽生产线以及产品多元化与其他对手竞争，然而这种盲目扩张却给企业的整体发展带来了效率低下的结果，甚至严重影响企业的发展，这种做法显然得不偿失。

任正非能够时刻带着"专注"的态度去做任何事情，所以正如知名评论家所说:"其实,无论任正非最初创业选择什么方向,做什么事,他都会如同现在一样取得惊人的成就。"

创业笔记

不管人生目标多么远大、理想多么高远,创业的决心如何强大,只有秉承"一生坚持做好一件事"这个永恒的信仰,才能在将你的事业进行到底。

将战斗力发挥到极致

华为成功的奥秘,就是我们很好地应用了"热力学第二定律"和耗散结构理论:不断地加温,又不断地耗散;只有这样,华为才能保持20多年的战斗力。

拥有源源不断的战斗力,是一个创业者应当拥有的创业品质,因为只有将战斗力发挥到极致才能为创业的每一个环节提供源源源源不断的动力。

任正非被认为是一个"商业思想家",他总是能出击商业最核心、最本质的领域,同时他还是一个典型的实用主义者。在任正非看来,先进武器并不一定代表战斗力,战斗力来自思维,公司的改革是否正确,就是看作战队伍的作战能力是否提升了。如果作战能力没有增强,改革不正确。

在2011年4月,任正非在一次内部讨论中依据华为的基本情况将公司的员工进行了划分:第一类是普通劳动者;第二类是一般奋斗者;第三类是有成效的奋斗者。这三个类别显然是从员工的工作状态进行划分的:对于普通劳动者而言,工作就是能让自己赚钱养家的工具,他们往往只是做好自己该做的事就算完成任务,战斗力比较弱;对于一般奋斗者而言,他们的积极性相对普通劳动者要高一些,想法多,干起工作来能够尽力而为,有较强的战斗力;对于有成效的奋斗者,他们工作的积极性和主动性最高,能够全身心投入到工作当中,具有极强的战斗力,甚至能够将战斗力发挥到极致。所以,在华为,将"多打粮食"作为提升队伍战斗力的重点方法,也是任正非狠抓管理的主要手段。

2017年年初,网上盛传,华为的一位34岁的员工被华为辞退的消息,虽然已被证实是子虚乌有的事情,但随后,华为发布了一篇《任总泰国与地区部负责人在尼泊尔与员工座谈的讲话》,其中有这样一段话:

"华为是没有钱的,大家不奋斗就垮了。不可能为不奋斗者支付什么——30多岁年轻力壮,不努力,光想躺在床上数钱,可能吗?"

"我承诺,只要我还飞得动,就会到艰苦地区来看你们,到战乱、瘟疫……地区来陪你们。我若贪生怕死,何来让你们去英勇奋斗?"

没有一个企业愿意养一些没有战斗力的员工,华为亦是如此。不但任正非激励员工的战斗力,自己更是将战斗力发挥到极致的践行者。

任正非为了向美军学习，甚至在阿富汗战乱期间，在阿富汗待了一个月，去感受美军真实的律动；即便是叙利亚、也门、伊拉克这样的战乱国家，七十多岁的任正非也依然不顾危险去看望员工；利比亚战乱前两天，任正非还在利比亚。

他曾为了公司业务在从战乱国家返程的过程中两次空中遇险，若不是飞行员迫降成功，后果难以设想。即便曾经涉身险地，任正非也毫不畏惧，还是满世界跑。

看来，成功不是偶然的，任正非创业几十年来，一直这么拼命和努力，七十多岁了还依然奔波在业务第一线；也正是在任正非的带头作用下，华为上下都拥有极强的战斗力，用任正非的一句话来讲：

"如果一个营拥有一个师的作战能力，那么营长就是师职。"

如果说任正非将华为顺势带入了全球通信技术产业的强者之列堪称伟大，那么任正非用自己的实际行动和铿锵有力的语言作为凝聚企业战斗力的"强心剂"更是堪称一绝。

创业并不是一个人的事情，是整个企业所有人共同努力的结果，只有大家都能将战斗力发挥到极致，企业才能蒸蒸日上，走向辉煌。但创业者能够成为有领袖风范的领导者就需要用自己的能力和实际行动说话，你的本事再大，能力再高，首先要去实践，要做出看得见的结果，这样才能让人信服和钦佩，员工才能以你为标杆，共同为企业释放出巨大的潜能。

创业笔记

　　创业这条路是被逼出来的，在这条路上，越艰难，我们就越不能放弃，要相信自己一定会成功，在这条奋斗不息的路上尽全力将每个人的战斗力发挥到极致。

第二章

用人模式——创业坚持以奋斗者为本

第5课：选对的人，做对的事

一直以来，华为都坚持"以奋斗者为本"，以责任贡献来评价员工和选拔干部，为员工提供全球化发展平台和与世界对话的机会，这就使大量年轻人有机会成为华为的领导阶层，并能够快速成长，也使十几万员工能够通过自身的不懈努力，不仅为华为创造了巨大的价值，同时也换来了合理的回报和价值体现的机会。所以，选对的人，才能做对的事。

天下英雄尽入吾彀中

歪瓜裂枣最甜。

很多时候，创业者在人才管理和人才选拔问题上存在一定的弊端，他们往往选拔人才的过程中，只看重个人能力，认为那些在工作能力上出类拔萃的人就是能够支撑企业发展的人才，却忽略了其他因素，这样就增大了用人风险，使得创业企业也随之增加了风险系数。

任正非在人才选拔上，却比起那些保守派来讲，更加大胆和有远见，也因此使华为成为中国最早将人才作为核心资产运营的企业，其人力资源管理是华为30年来持续发展的关键源动力。

任正非经常用"雄心万丈的穷小子""少年连长"等词汇诠释华为在员工以及干部"选育用留"上的管理智慧，成功地驱动了18万人才利益一致、目标一致、力量一致，团结在一起做到"利出一孔，力出一孔"。

在华为创办初期，任正非就特别重视技术人才。实际上，华为在早期所取得的成就，很大一部分原因就在于自称"不懂技术"的任正非用了两位技术天才：

排在第一位的是郑宝用，他为华为开发出了第一台模拟空分式用户交换机，让华为成功地完成了从代理商向自主研发的制造商的第一次转型。有一次，公司高层在开会的时候，任正非表示郑宝用一个能顶一万个。这足见任正非当时对郑宝用的器重和依赖。

第二位技术天才是李一男。李一男主要是开发C&C08数字程控交换机，从而让华为从电信系统设备的边缘走进了核心，当年任正非对李一男也是非常喜爱，以至当面称呼他为自己的"干儿子"。

在初期，任正非对于技术人才可谓求贤若渴，不惜一切代价招聘人才，对国内重点理工大学的应届毕业生甚至采取"掠夺式"的策略，这样一方面可以满足华为的内需，另一方面可以减少人才流进其他竞争对手手中。

1998年，华为招聘应届毕业生数量超过3000人，其中硕士研究生占三分之一。对于西安电子科技大学、成都电子科技大学、华中理工大学等重点院校的通信工程与计算机专业的研究生，华为更是采取"一网打尽"的招牌策略。

当时，正值10月中旬，华为在清华大学招募人才的时候，恰逢中兴通信也来到清华，和华为的目的相同。然而，当时校方担心过早将招聘信息透露给学生会给学生带来心理压力影响学习，所以没有让中兴即时举办招聘会，而是在研究生学院举办了一个简单的见面会。在招聘会上，中兴被研究生学院领导告知，下个月才能开始招聘，中兴只能作罢。

然而华为此时却见缝插针，其招聘团队在10月27日这天就进入清华园。10月31日，华为正式举行招聘会，在招聘会上，招聘人员告诉学生，被选中的人在11月8日就可以签约，而之前的七天时间主要是进行初试和复试。

当11月1日，中兴又一次走进清华大学时，却发现自己已经慢了一步，被华为抢了先。最终，中兴招聘人员卖力宣传，却只招来了40个学生。

据说，当时教育部长听到了有关华为在重点院校疯狂挖人的传闻之后，特意将华为全部录用的毕业生名单打印出来，结果发现：全国20所重点高校的计算机与通信相关专业的毕业生中，有大约20%都去了华为。

如今，华为依旧面向国家重点高校聘用人才，并且给出了极具竞争优势的待遇。仅2016年，华为从全国各大高校中招聘了将近1万名应届毕业生，并且开出了35万的年薪。多年来，除了开出与其他公司相比高出一截的优厚年薪之外，华为还更加注重人性化福利，比如新员工从外地前来报到时，其花费的火车硬卧车票、市内交通费用、体检费等都由华为公司承担。

任正非锁住全国各大高校，从"雄心万丈的穷小子"当中选拔人才，并且能够用如此有竞争力的待遇来吸引人才，足见任正非对人才的重视程度。也正是让这些人才在年轻的时候就扎根"狼性"文化，具备了"狼性"的生长基因，所以才能让华为在全球发展中展现出更加"凶猛""迅猛"的一面。

任正非曾对于人才选拔问题上，给出了这样的看法：

"公司要宽容'歪瓜裂枣'的奇思异想，以前一说'歪瓜裂枣'，他们把'裂'写成劣等的'劣'。我说你们搞错了，枣是裂的最甜，瓜是歪的最甜，他们虽然不被大家看好但最甜。人才也同样——我们从战略眼光上看好这些人。今天我们重新看王国维、李鸿章，实际上他们就是历史的'歪瓜裂枣'……你怎么知道这些'歪瓜裂枣'就不是这个时代的梵高，这个时代的贝多芬，未来的谷歌？"

任正非所说的"歪瓜裂枣"，其实就是指一些"歪才""怪才"。华为在人才招聘的时候，不是作为简单作为人手补充，而是来看重具有潜能的战略储备型人才，以应对未来的不确定性。任正非的这种"天下英雄尽入吾彀中"的人才任用思维，让华为能够将即便是白纸一样的毕业生培养成能够在市场拓展或者产品研发中独当一面的优秀员工，虽然前期华为求贤若渴而付出了一定的投资，但如今看来是非常值得的。

创业笔记

英雄不问出处。古有"萧何月下追韩信""刘备三顾茅庐",今有任正非"天下英雄尽入吾彀中",足以见人才的重要性。创业者必须有一颗求贤若渴的心和一双善于发现人才的眼睛,敢于用"歪瓜裂枣",敢于用比自己强的人,重用有主见的人,要摈弃个人偏见,不要忽视偏才,这些人说不定会成为创业开疆辟土的中坚力量,让企业在未来的发展中立于不败之地。

个人英雄主义要不得

淡化英雄色彩,特别是淡化领导者、创业者的个人色彩,是实现职业化管理的必由之路。

罗马不是一天建成的,同样,创业企业也不是一天努力就能取得成功的。企业的成长与壮大离不开团队的集体奋斗,然而,做为一个企业领导者,更需要独具慧眼识英才。花时间和精力挖掘、选用一个优秀人才作为团队中的一员,是一个创业企业领导者必须具备的素养。

然而很多创业者在取得成功时,往往宣扬是自己努力奋斗的结果,却把团队成员所付出的努力抛于脑后,这种思想是典型的个人英雄主义。任正非将"英雄主义"作为华为管理当中必不可少的理念,在他看来,国家和民族在战斗的过程中需要英雄,企业在发展和壮大过程中也需要英雄。毫无疑问,华为的成长过程中,任正非是一个英雄人物,也是一个精神领袖，有人认为任正非可以代表整个华为，是华为的象征，而任正非却并不这么认为，他非常谦虚的说：

"一个人不管如何努力，永远也赶不上时代的步伐，只有组织起数十人、数百人、数千人一同奋斗，你站在这上面，才摸得到时代的脚。我放弃做专家，而是做组织者。我越来越不懂技术，越来越不懂财务，半懂不懂管理，如果不能充分发挥各路英雄的作用，我将一事无成。"

可见，任正非将所有的团队成员称之为"英雄"。在任正非眼里，"英雄"两个字具有非凡的意义；任正非的字典里，"英雄"两个字并不代表牺牲，而是做企业所需要的英雄，是真正能够推动华为一步步向前迈进的人。并且任正非所崇拜的并不是个人英雄主义，他呼唤员工不要在工作中搞个人英雄主义，不要搞个人崇拜，而更多的是强调团队成员之间的合作。

这看上去似乎与最初创业初期的情况有所矛盾，这是因为，华为在初建时期，环境并不好，竞争对手异常强大，爱立信、阿尔卡特、朗讯、诺基亚等大牌巨头几乎不给华为留机会，在这时，企业需要有人能够最大限度地发挥自己的能力，引导他人和自己一起去帮助企业快速度过最艰难的时刻。然而，如今时代在变幻，社会越来越重视"合作"，单打独斗已经成为过去式，团队协作才是企业发展的主流。企业能够长期存活，需要团队成员同心协力才能得以保证，华为作为时代创业企业大军中的一员，同样不例外。过去凭借一己之力推动华为的发展，已经不再适应当前的局面，公司内部团队合作、进入人人皆英雄的时代，才是大势所趋。

任正非十分明白，每个人都喜欢成为别人心目中崇拜的英雄，任何时代都在呼唤英雄，任何时代都是英雄辈出，对于一个企业来讲，"英雄"的意义并不是特指某一个人，而是每一个为华为的成长付诸艰辛的汗水和不懈努力的人，是一个大众意义上的称号，为此，他强调：

"华为公司不会只有一名英雄，每个项目组也不会只有一人成功。每一个小的改进，小组都会开一个庆祝会，使每个人都能感受到成功的喜悦。你也可以邀请更多的人参加，让更多的人知道。当你乐滋滋的时候，你就是你心目中最崇拜的英雄。不要以为公司没有发榜，英雄就不存在。公司的管理总是跟不上你的进步，不要因为它的滞后而否定了你自己。"

任正非其实言外之意是鼓励每一个员工都能成为伟大的"英雄"，为华为的发展发光、发热。任正非总是能够跟得上时代的步伐，用最灵活的头脑转变自己的思想和认知，让"英雄主义"思想在员工当中时刻存在，却又很好地在员工当中摒弃"个人英雄主义"，这就是任正非个人智慧的体现。

华为自创建至今，任正非都能在用人方面做得游刃有余，所以让很多人崇拜任正非的智慧，认为他是一个谜一样的人物。而任正非却反对别人对他的崇拜，将全体员工都视作华为奋斗史上的英雄，并让每位员工重视自己的价值，这是任正非对华为员工价值重视的一种表现。他的这种"人人皆英雄"的思想把华为打造成更加强大的团队，为华为迎来更加美好的未来。

创业笔记

时代不同，对于"英雄"的需求方式也大不相同，"英雄"的意义也在与时俱进，创业者应当顺应时代的需求，充分发挥"人人皆英雄"的力量。

人才任用自由雇佣制

不管是对干部还是普通员工，裁员都是不可避免的。我们从来没有承诺过像日本一样实行终身雇佣制，我们公司从创建开始就是强调来去自由。

在过去，企业往往采用"终身雇佣制"，在这种制度下，员工一旦成为企业的一员，就要一直在这个企业干下去，直到退休。这种终身雇佣制最初是日本最具特色的雇佣制度，企业能够借助这种制度很好地留住人才为己所用，所以，在20世纪末，这一用人制度在世界各地的企业中十分盛行。

然而，如今随着社会经济的变革、管理机制的变革，人们想像当初日本员工那样能够在企业中享有一份终身制的工作简直就是一种不切实际的想法，现在没有哪家企业愿意用这种用人机制去留住人才。因为在过去，使用人才终身雇佣制，员工可以不必担心失业，无疑是对自己"铁饭碗"的一个牢靠保障；对于企业而言，可以不必担心员工跳槽，给自身带来经济损失；然而这一切都必须建立在企业发展没有任何风险、员工待遇能够完全满足其生存所需的基础上，否则终身雇佣者则是一纸空谈。

在当前这个竞争日益激烈的市场环境中，无论企业还是员工个人时刻都可能处于岌岌可危的状态，在这种情况下，经济损失和事业的情况随时都会出现，所以终身雇佣制并不可行，即便是IBM这样的国际型企业，也在最初承诺过"永不解雇员工"，如在20世纪90年代初出现经济危机的时刻，它也不得不做出大量裁员的举动。可见，大的经济环境决定了人才雇佣制度的类型，唯有与时俱进，进行变革，才能适应时代发展的要求。

面对当前的大环境，华为则明确规定：企业不搞终身雇佣制，而是采取雇佣自由制。所谓雇佣自由制，就是指华为从人力资源市场招聘人才，企业与人才之间建立一种合法的契约关系，人才可以选择是否为企业服务，是否自愿为企业做贡献。正如任正非在一篇《华为的红旗到底能打多久》的演讲中所说的一样：

"公司与员工在选择权利上是对等的，员工对公司的贡献是自愿的。自由雇佣制度促使每个员工都成为自强、自立、自尊的强者，从而保证公司具有持久的竞争力……由于双方的权利是对等的，更有利于矛盾的协调……企业和员工的交换是对等的，企业做不到的地方员工要理解，否则你可以不选择企业；若选择了企业就要好好干，若不好好干，你随时都可以离开。"

在这种自由雇佣制下，即便有企业一天与受雇者解除劳动关系，员工如果能依然愿意努力为企业做贡献的话，那么企业依然会尽可能的提高员工的"可雇性"，即提高员工在职场上的竞争力。换句话说，即便员工因为不符合公司发展要求，也可以不被理解解雇，依然可以通过自己后期的努力进行再培训重新上岗，这样，只要是有上进心的员工，只要肯努力，依然不会被轻易裁员。在任正非看来，企业根本无须担心员工的流失，相反可以有效地调动员工的工作积极性，这是公司具有持续的竞争力。自由雇佣制可以促使每个员工都成为自强、自立、自尊的强者，员工应当要珍惜为企业贡献的机会。

实际上，这种看似自由的雇佣制实际上是保持企业和员工目标达到一致的一个平衡点，不但可以增加员工的危机感，而且可以消除他们被裁员的不安，促使他们在工作过程中更加积极主动，这样能够让企业的发展更加稳定。

华为的这种用人模式能够不断激活员工的奋斗热情，远比甩给员工一张终身契约产生的效果要好很多，这无论对企业还是员工来讲都是对切身利益的一种保障。

创业笔记

创业的目的就是最大限度地换来价值与利润的等价转化。企业没有一劳永逸的获利方式，唯有时刻变革和改良人力资源制度，才能让企业获利得到更大的保障。

干部必须从实践中出来

现在我们需要大量的干部,干部从哪里来?必须坚持从实践中来。如果我们不坚持干部从实践中来,我们就一定会走向歧途。

创业企业除了需要团结奋斗的团队成员之外,更重要的是有能够领导"千军万马"的优秀干部。然而,作为初创企业,很多情况下是几个志同道合、血气方刚的年轻人聚在一起共同为了远大的人生理想而奋斗,在这些年轻人就像向日葵一样充满朝气,但也有一个非常大的问题就是没有经验。如果企业想发展地更加快速,仅仅凭借一些刚进入创业领域、只有理论基础的年轻人去带领,那么这样的企业是很难快速占领市场的,甚至很难存活。

华为在发展的过程中,也会遇到同样的问题。但是任正非却能够将这一问题处理得非常妥当。任正非认为,华为的发展,需要在员工中选拔干部精英,但这些干部并不是只能每天提几个意见或建议就可以胜任的,在这种干部的带领下,"华为就像是墙头上的芦苇,风一吹就倒,没有希望"。那应该怎么办?任正非提出的问题解决方法是"干部必须从实践中出来"。

在华为"参加实践活动""进行实践检验"是华为人工作过程中必须经历的一部分,尤其对于干部来讲,更需要经过实践的考验。正如任正非所说:

"现代化作战要训战结合,干部要有基层实践经验为任职资格,

'宰相必起于州郡，猛将必发于卒伍'。"

正是基于这种人才考核方式，任正非要求但凡进入华为的员工都必须先从基层做起。为了能够让每个员工最大限度地发挥自己的潜能，华为设计了著名的的"五级双通道"模式，即先梳理出管理和专业两个基本通道，再按照职位划分的原则，将专业通道进行细分，衍生出技术、营销、服务与支持、采购、生产、财务、人力资源等子通道。这些专业通道的纵向再进行划分，衍生出五个职业能力的阶梯，如技术通道就由助力工程师、工程师、高级工程师、技术专家、资深技术专家五大台阶构成；管理通道是从三年开始，分为监督者、管理者、领导者。只有那些连续三年绩效能够达到12分的员工才有资格申请更高一级，这样就很好地保证了骨干能够被挖掘出来，在公司脱颖而出。

另外，如果员工自认为能力很强，不想放弃另一个通道，那么他就可以选择双线发展，一旦领导能力或人际关系能力相对欠缺的话，还可以选择技术等级资格做保障。华为对于这种干部提升的"五级双通道"模式还给出了特别补充：员工一旦达到自身技术专家这一级别，即使他没有担任任何管理职务，同样可以享受公司副总裁的薪金和职业地位，有权调动资源。

当然，华为在最初的时候也聘用过"空降兵"，华为直接从哈佛请来几位博士做领导干部，但结果却差强人意，他们的领导方法并不能为华为的发展带来实质性的作用，所以，自此之后，任正非就"开始从自己的队伍里培养自己的骨干，依据公司的一系列干部制度和政策，高自己的努力培养自己的跨世界干部"。在任正非看来，这种方法还能够让员工通过扎扎实实的学习和实践去增长才干。

为了能够更好的从实践中选拔出优秀干部，任正非强调：

"机关干部必须到海外去锻炼，要长期身先士卒待在国外，完成全项目工作……不懂战争的人指挥战争，这一定是高成本；总部机关的干部一定要对自己服务的业务有成功的实践经验，并具有快速准确、任劳任怨的服务精神与服务能力。"

可见，在任正非眼里，实践就是衡量一个员工是否具有领导资格的尺子。的确，实践可以让"金子"发出更加耀眼的光芒，只有这样才能让企业的整体管理水平、发展速度有一个更好的提升。

创业笔记

实践出真知，所有好的理论和经验，都是在实践中总结和提炼出来的。企业的发展离不开能够在实践中锻炼、经得住实践考验的干部做引头人。

第6课：为奋斗者做阶梯，铺设人才成长之路

企业的发展史就是创业者的一部奋斗史，然而创业并非创业者一己之力就能完成和实现，而是通过广大耕耘在一线的员工共同奋斗的结果，对于这些勤劳的奋斗者，企业更需要长期创造和铺设人才成长之路，为奋斗者搭建成长阶梯，只有大家共同成长，共同协作，才能为企业共创辉煌。

让人才增值先于资本增值

我们坚持人力资本的增值大于财务资本的增值。我们尊重知识、尊重人才，但不迁就人才——不管你有多大的功劳，绝不迁就。我们构筑的这种企业文化，推动着员工的思想教育。

在当前的经济形势下，企业之间的竞争越来越激烈，要想谋求发展，获得巨额的盈利，就必须首先重视人才的培养。正所谓"得人才者

得天下"，积累了雄厚的人才规模，让人才不断增值，才能换来更大的资本增值。

对于初创企业来讲，人才基础薄弱，更需要将人才增值放于首位。加强员工职业技术培训，才能保证将人才的优势发挥到极致，才能保证企业能够永存。

华为每年除了对科研项目、客户服务等方面给予巨大的资金投入以外，还将人才的增值作为一个重要的投资方向。从华为的"人才战略"上就能看出华为对人才增值的重视程度。《华为的基本法》指出，华为以"自由雇佣"的形式招聘具有创造性价值的人才，通过"人才增值培训"的方式培养适合华为发展的优秀人才，不断激励华为人去创造更好的华为品牌。

所以，当其他企业还在犹豫是否给员工增加几十块钱工资的时候，华为已经开始实践自己的"人才战略"，每年会"囤积"大批来自全国重点院校的优秀毕业生，虽然这些毕业生没有任何工作经验和实践能力，但华为却十分看重他们的潜力，认为他们都是"潜力股"，只要加以培养，终将能达到华为要求，为华为创造惊人的财富。

任正非的创业概念是：什么都可以缺，人才不能缺；什么都可以少，人才不能少；什么都可以不争，人才不能不争。在华为，最宝贵的财富就是人才，其次是技术，再次是客户资源。只要能够培养出一批不断进步成长的人才，华为能拥有任何一项技术，能够攻下任何一位客户。

做培训的根本目的就是提升员工和干部的专业技能，所以华为将培训工作落实到每一个华为人身上，因此，在人力资源方面的投资，华为可谓是大手笔。

在2004年元旦前夕，广州大学敲定在大学选修课程中设置关于华为产品的相关课程，由华为免费提供价值约200—300万元的产品设备，学生通过选修相应的课程可以更好地了解华为的产品；作为回报条件，毕业时，华为可以从中挑选相应的合格者。这是华为培养后备军的一个途径。像这样的培训每人的成本将近1万元，而这样大规模的培训，华为每年都要进行成千上万项，就连任正非本人也坦言，究竟公司会有多少种员工培训中心，连他自己也不清楚，可见华为对员工培训所做的付出是非常巨大的。据不完全统计，华为每年在员工培训上的支出就高达上亿元。

华为的培训可谓集一流的教师团队、一流的技术、一流的教学设备和环境为一体，拥有专、兼职培训教师千余名。培训中心还拥有三星级学员宿舍、餐厅、健身房等生活、娱乐、体育设施，为华为培训的学员提供更加舒适的学习、生活条件。在教学方式上，有媒体CD培训、视频培训、音频培训等教学手段，为员工提供课堂教学、案例教学、上机操作、工程维护实习和网络教学等。有不少毕业生这样调侃道："入职华为后就会感觉好像从一所大学进入到了另一所大学。"这样庞大的师资队伍，这样良好的培训环境，这样先进的培训方式，岂能不造就出更加优秀的华为人？

仔细研究华为的"人才战略"，不难发现，其实华为所做的一切都是为了能够让华为的员工能够快速适应时代的发展，并逐步让员工运转的企业向国际化道路挺进。

一方面，华为在国内培养本土的国际化人才，并将其派往海外。虽然在很早的时候华为派往俄罗斯的人才并没有给华为带来利润，但华为也一直没有停止过人才的外派计划。

另一方面，当外派人才成熟之后，就会让其对当地的员工进行培训，这样就能让华为的员工在国外市场逐渐站稳脚跟。

当发现有需求的时候，华为还将海外的国际化人才引进来，到华为在深圳的全球总部进行培训，为华为的培训事业服务。

看似华为是在不断的"折腾"，但正是这种"折腾"让华为能够长期拥有强大的中坚力量支撑和推动华为的不断成长，并能够在全球范围内收获资本增值的喜悦。

创业笔记

人才是企业发展和壮大的基石，只有整体提高人才的职业技能和素养，才能让企业长存更有保障。

优胜劣汰企业才能永葆活力

我们提倡能上能下，在实践活动的大浪淘沙中，我们要把确有作为的同志放在岗位上来，不管他的资历深浅。我们要把有希望的干部转入培训，以便能担负起更多的责任，我们也坚定不移的淘汰不称职者。

如今，是一个全面竞争的年代，不但企业与企业之间存在竞争，行业与行业之间存在竞争，就连企业内部也存在着非常残酷的竞争，创业者只有制定好应对竞争的相关措施和策略，才能使企业永远活力四射。

任正非在这一点上处理得非常好,他主张采用"末位淘汰制",不但给企业带来了活力,还提高了员工工作的积极性。

所谓末位淘汰制,就是一种有效的绩效考核机制,是企业根据自身的总体目标和具体目标,结合各个岗位的实际情况,设定一定的考核指标,从而将考核成绩落后的员工进行淘汰。

实际上,华为是最早实行"末位淘汰制"的企业。在华为历史上,第一次声势浩大的"末位淘汰运动"发生在1999年,当时首中国移动和中国电信拆分的影响,华为在市场中损失了一部分订单,很多员工在业绩上没有达标,所以华为就实施了一次末位淘汰的计划,淘汰率达到10%,将不合格的员工全部淘汰掉。虽然这一举动让很多员工惊愕不已,但痛定思痛之后,所有员工都觉醒了,他们意识到,永远不可能安逸地坐在自己的工作岗位上安安稳稳的拿走公司的薪水,只有自己不断想方设法提升自己的能力,才不会被淘汰出局。

2000年,当华为的发展处于蒸蒸日上时,任正非以一封《华为的冬天》的内部信提醒每一个华为人要居安思危。任正非这样说道:

"公司所有员工是否考虑过:如果有一天,公司销售额下滑、利润下滑,甚至会破产,我们怎么办?我们公司的太平时间太长了,在和平时期升的官太多了,这也许就是我们的灾难。"

"如何在市场低潮期间培育出一只强劲的队伍来,这是市场系统一个很大的伪命题。要强化绩效考核管理,实行末位淘汰,裁掉后进员工,激活整个队伍。"

自任正非发表了《华为的冬天》之后,"末位淘汰"的序幕也就正式拉开了。不少人认为任正非的这种"末位淘汰制"是一种变相的裁员方式,但任正非对此给出了这样的解释:实施"末位淘汰"的目的既是为了保护优秀员工,又是对相对处于劣势的员工给予激励和培训。在华为,被淘汰的员工并没有被解雇,而是可以选择再培训,也可以选择"内部创业",公司会为他们搭建一个不错的平台。

当然,华为的这种"末位淘汰制"并不只是单一的针对员工,对于华为的干部也是一视同仁,对此,任正非指出:

"要保持公司长治久安,就是要保持正确的干部淘汰机制。不管你是高级干部还是创始人,都有可能被淘汰掉,包括我,不然公司就不会有希望。公司不迁就任何人,高级干部为什么不能做一般员工呢?因此,原来的高级干部干累了,是可以转做机关一般员工,他们也就安居了,不用漂泊了。"

实际上,换个角度来看,"末位淘汰制"完全打破了传统"金饭碗"的思想,企业中,下到基层员工,上到管理干部,唯有时刻保持高度危机感,提升自己的能力,才能保住自己的"饭碗"。同时,这种新老更替,也能为企业注入新鲜的血液,让企业能够加快循环,在市场中保持长久的竞争力。

创业笔记

如今,在竞争激烈的市场经济体系下,常胜将军寥寥无几,"末位淘汰制"已经在大多数企业中盛行，这无疑是一个保证企业能够永葆活力的一个强大推动力。

用最优秀的人培养更优秀的人

我们向别人学习，要把培养人作为最重要的环节，用更多优秀的专家培养更多的优秀人才。不能把大师请来当成打工仔，把事情做好了就走了，没有培养人。

企业的发展离不开人才，发展是第一要务，人才是第一资源，这是每一个创业者所达成的共识。所以，众多企业都十分注重优秀人才的吸收和培养。但将吸收和培养优秀人才具体落实的时候，不同的企业就会出现不同的差异性，这也是为何同样是创业，别人的企业能够扶摇直上，而自己的企业却江河日下的重要原因之一。

有的企业想方设法挖掘人才，却不舍得在人才身上多加投入，不但薪资待遇低，也从来不给予投资，对员工的职业技能和职业素养进行培训和提升，这样员工总是进进出出，人才流失严重。当然，他们也会担心，如果将员工培养成优秀的员工，可能会出现跳槽情况，那样势必得不偿失。但如果既不想在员工身上做投资，又担心员工跳槽，这样企业何时才能发展壮大？

事实上，解决这一矛盾的最佳办法就是能够按照企业自身情况和需求，用最优秀的人培养更优秀的人为己所用，华为正是看到了这一点，所以在培养优秀人才方面从不吝啬，并且表现出与众不同的魄力。可以说，在华为的成长史中，最重要的一项使命就是持续培养优秀人才。

华为的人才培养，主要以内部培养为主。为了能够为企业培养出更加优秀的人才，任正非亲自到国外考察和分析，寻找适合华为的人才培养机制。之后，在日本考察时，任正非发现，日本企业非常盛行一种叫做"教父制"的员工培养机制，这种制度实际上是一种"传帮带"的管理机制。换句话说，为了让新入职的员工能够更好地融入到企业工作当中，能够更快地掌握职业技能，会专门安排相关的优秀老员工去辅导新员工。

在任正非看来，这种"教父制"是非常符合华为自身情况，并能够为华为带出更加优秀的员工。于是，将"教父制"加以改良之后，任正非将这种"传帮带"的人才培养机制叫做"全员导师制"，即老员工与新员工一对一进行专门培养。"全员导师制"要求导师对员工进行内容非常丰富的培训，其中包括思想、技术、业务、能力、生活等各个方面，导师和新员工之间需要定期沟通，以便宝贵的经验和知识能够得到很好的传播和扩散。

为了防止新员工学得不够认真，也为了防止老员工担心自身价值贬值而不愿倾囊相授，华为专门制定了相应的奖惩措施，从而有效地将人才培训计划和导师个人的业绩考核捆绑在一起。

华为一直以来都是一个非常注重经验积累和经验学习的企业，"全员导师制"为华为积蓄了优秀人才，让华为宝贵的经验得以延续，从而在保证老员工在退休之后能够有更加优秀的新员工上来顶替，同时也达到了经验传承的效果。

除了推行"全员导师制"以外，在任正非的领导下，华为还开设了很多培训课程，根据新员工的能力和个人特点，将他们进行归类，并进行有针对性的系统培训。比如，员工在研发方面是专长，就会将其放到与研发相关的资源池中对其进行相关培训；如果员工倾向于市场营销，则会将其送入市场营销课程为其提供更多的有价值的课程培训……华为的不同课程能够满足不同人才的需求，更能满足公司发展的需要，为华为培养出了更多更加优秀的专业性人才。

任正非非常明白，优秀人才的培养和经验的传承不是一朝一夕的事情，而是长期努力的，所以对于优秀人才的培养，任正非从来没有停止过。

创业笔记

"企"字拆分开来看，则是"有人则企，无人则止"，所以，人才是企业发展的重要战略资源。一个企业，必然需要持续造就高素质人才，才能成就其伟大。

职务轮换，用机制打天下

我们对中高级主管实行职务轮换政策，没有周边工作经验的人，不能担任部门主管；没有基层工作经验的人，不能担任科级以上的干部；我们对基层主管、专业人员和操作人员实行岗位相对固定的政策，提倡"爱一行，干一行；干一行，专一行"。

很多企业认为员工岗位稳定，才能对自己的本职工作更加精、专，那些能为企业创造更多价值的员工才有机会能够获得职务晋升的机会，所以，在很多企业，员工只能一直待在自己的岗位，很少有机会尝试其他部门的工作。

在华为，任正非则不这么认为，在他看来，"中高级主管必须实行职务轮换政策"。任正非有这样标新立异的想法，源于他在1997年去美国国防大学学习和在2001年去美国国防大学讲学时的所见所闻。再次故地重游，任正非发现时隔两年多之后，原来的机关人员和教员几乎换光，除了几位资深的文职人员，其他的人都不认识了。后来他才明白，这是由美军的用人制度决定的。

美军的用人制度有两种：

一种是岗位轮换。美军岗位轮换非常普遍，在一个岗位任职，两三年就轮换一次，最多四年轮换一次。他们有一个理论：如果一件事情熟悉到闭着眼睛都能去干，人剩下的就全是惰性，没有创造力；越是对事情不太了解、不很熟悉，工作起来就会越小心谨慎，在这种状态下反而能够产生更高、更富有创造性的业绩。在美军看来，岗位轮换制度，一方面可以防止腐败，另一方面是保持军人血性的有效机制，所以，在一个岗位上一干就是数年甚至小半辈子，在美军看来简直不可想象，制度上也是不允许的。

第二种是军官晋升。美军的军官提升顺序是：最高一层是在前方作战受过伤的，第二层是在前线接触过敌对火力的，第三层是进入过危险地带的，第四层是在前方总部服役的，第五层则是那些在五角大楼或参谋长联席会议服役的人。分层之后，再进行"德才"考核，在考核的过程中，不论年龄、学历，军官的经历则作为最主要的一条标准。然而，更多的人则希望被分配到一线服役，相反却非常不愿意去五角大楼或参谋长联席会议服役，并不是因为他们不怕死，是因为他们都想通过上前线去获得更多的从军经历，以便能够获得更快的提拔机会。这完全是利益驱动下让每位军官变得积极主动性更高的原因。

基于美军的这种用人制度，任正非觉得如果能将其借鉴到华为的用人制度当中，那将会让华为甚至是每一个员工受益，于是，华为迅速开展了高级领导岗位轮换的工作。

当时，华为为干部轮换制定了两个策略：

第一个是业务轮换，即安排员工做其他业务。比如安排研发人员去做市场营销，这样就能够让他们与客户之间走得更近，能够通过与客户更多地接触，更加了解客户真正想要的产品是什么，从而能够更好地指导他们做好产品研发工作。在华为，任何一个研发人员要想成为更高一层的资深技术人员，都必须积累丰富的工作经验，要经受住各种实践的考验。

第二个是岗位轮换，即让中高级干部的职务在固定的时间内进行轮换。在华为，几乎所有的工作人员都经历过岗位轮换，中高层领导则岗位轮换的频率更高些，这体现的是一种管理需要。华为前执行副总裁毛生江在华为任职的13年里，岗位调换经历了8次，所跨的部门职位有8个。华为的中高层管理人员进行岗位轮换是习以为常的事情，很多人都有过数个头衔和职位。

华为的这种岗位轮换制度，不仅使员工和中高级管理人员能够掌握多种技能，还能够培养出适应能力更强的复合型人才，并促进了不同部门之间的业务分享和交流，加强了各部门业务流程环节之间的协调配合，避免了员工因在同一个岗位工作时间太长而产生惰性，失去工作动力的情况出现，提高了员工的工作积极性和主动性，更重要的是使华为的生命力变得更加旺盛、有朝气。

可见，创业者要想让整个企业运转地更加迅速，企业更加有生命力，就必须首先调动员工的工作积极性。职务轮换，可以让员工在不同的工作岗位获得更多的新鲜感和乐趣，同时还能学到更多以前不知道的知识，这是员工能力不断提升的有效方法，也是企业发展空间不断上升的有效机制。

创业笔记

创业不但是对创业者能力的一种考验，更是对其是否能够灵活应用用人机制打天下的一种检验。善于借鉴、善于利用外部用人机制，也是创业者应有的一种眼光和智慧。

第 7 课：有勇气打破固有思想的障碍

企业成长的道路上难免会在人员任用方面存有旧体制和旧思想，这些思想障碍严重束缚了企业识人、用人的手和脚，成为了企业创新、快速成长的巨大障碍。唯有勇于冲破思想观念的障碍，勇于突破利益固化的藩篱，才能让企业人才推动企业朝着更加有智慧和朝气的方向奔跑。

敢于破格提拔任用

对优秀干部要敢于破格提拔。我们过去太强调公平了，我们现在已经有公平的基础了，接下来就是要敢于破格。

通常，企业领导者在人才提拔和任用上往往非常小心谨慎，并且必须按照既有规章制度，按照资历深浅、学识程度来作为员工提升的衡量标准。在薪资方面，也是那些积累了丰富经验的应聘者薪水要远高于那些刚从学校走向工作岗位的毕业生。虽然公司一再标榜这是最为"公平"的用人制度，但很多真正有能力的人却因为这种制度而被埋没，甚至有人工作很多年之后虽然工资有所提升，却依旧处于公司最底层，在怀才不遇的情况下，最终选择了离开。

这种用人制度实际上让不少真正有能力的人才从企业流失，因为每一位员工都想在自己努力工作创造业绩之后公司能够以一定的方式对其进行价值回报，这是对他们给予奖励和鼓励的最好方式。但价值回报不应当不仅仅表现在薪资水平的提升，还应当体现在员工职务的提升，否则不但埋没了人才，对企业也是一种损失。

任正非在这一点上看得非常透彻，也非常善于向美军的人才提拔方式学习。在美国学习期间，任正非得知当年诺曼底登陆的时候，马修·邦克·李奇微还是个少校，指挥82师的一个营；后来到朝鲜战场的时候，已经成为了"联合国军"总司令；再后来，他接替德怀特·戴维·艾森豪威尔担任北约组织武装部队最高司令——短短八年时间就被多次提升，所以，他认为华为也可以学习这种破格提拔的用人机制。为此，任正非认为华为：

还是要选一些"战略狂人"上来才能占领战略要地，发现谁是"千里马"，就把谁用起来。每个员工通过努力工作以及在工作中增长的才干都可以获得职务或任职资格的晋升。与此相对应，保留职务上的公平竞争机制，坚决推行能上能下的干部制度，公司不拘泥与资历与级别，按公司组织目标与事业机会的要求对有突出才干和突出贡献者实现破格晋升。

任正非在用人战略上如此有远见卓识，能够打破常规唯才是用，使得华为所吸纳的人才规模不断扩大。在2017年年初，华为制定了一项计划：破格提拔4000—5000名优秀员工，专门将其培养成为一批勇于担责、善于担责的优秀领头雁。并且，随后在2017年9月25日，任正非在"诺亚方舟"实验室使能工程部成立大会上，还着重强调：

"对人才的开放性，成就了美国今天的强大，华为要向美国学习。要破格提拔优秀人才，要敢于吸收全世界的优秀人才。"

这句话虽然不是以文件的形式表达出来的，却体现了任正非对破格提拔任用人才的重视，并且也很好地向人力部门传达了相关指示，更重要的是也很好地表达了任正非向全世界的优秀人才伸出了橄榄枝，明确表明：华为是一个知人善用、唯才是举的企业，只要是人才，华为就能给一个很好的发展平台。

从任正非破格提拔和任用人才的格局来看，客观地说，任正非是一个有真知灼见、具备超强智慧的领导者，他的这种大胆、开放的视野，是每一位创业者应该学习的。

创业笔记

创业者应当抓紧时间唯才是举，在适当的时候要敢于做出破格提拔的决定，切勿错失人才，被别人挖走。

让"听得见炮声"的人来做决策

我们后方配备的先进设备、优质资源,应该在前线一发现目标和机会时就能及时发挥作用,提供有效的支持,而不是拥有资源的人来指挥战争、拥兵自重。谁来呼唤炮火,应该让听得见炮声的人来决策。

很多企业中的老板整日因为公司的日常工作而忙得团团转,整天为了一些琐事而亲力亲为,他们担心一旦自己不亲力亲为,将工作全部交给下属,公司就不能顺畅运作。也有的企业老板是典型的"权利控",他们渴望享受"坐拥兵权"带给他们的荣誉感,更希望自己能长时间的沉浸在其中,所以才导致自己整天"日理万机",晕头转向。但事实上,这些牢握"兵权"的老板在自己亲力亲为之后,给企业所带来的发展效果却并没有他们想象的那么好,甚至逐渐走上了下坡路。

有人将放权比喻为"放风筝",要"舍得放,敢于放,放而要高,高而线韧,收放自如"。但在实际情况下,放权并不是像放风筝一样轻松,许多企业老板正被这一说不清道不明的病痛折磨着,之所以如此,是因为他们没有找到放权的门道。

任正非是一个深谙放权之道的卓越领导者。在2016年12月30日,华为公布:其2016年全年营收为5200亿人民币,同比增长了32%,其中有60%来自国外,当很多中国企业对此数据啧啧其夸的时候,华为董事长任正非却一如既往地表现出非凡的冷静,他坦言道华为能取得这样的成绩,重在放权。

其实,在很早的时候,任正非就已经意识到"放权"的重要性。在创业初期，任正非也是一个独揽大权的领导者，在华为拥有绝对的话语权。华为的大小事务的决定权和否定权都掌握在任正非手中。任正非也带领自己的团队闯过了一道道难关，在市场中为华为打下了大片江山。

随着时代的发展，个人在企业发展中的作用相对于团体协作来讲显得尤为渺小，任正非认识到以往的独揽大权的做法会给企业带来很多负面效应。所以就开始有意识地将全力下放，给每一位华为人做决策的机会。2009年，任正非在开年会的时候，向华为的全体员工发出了振聋发聩的呐喊："让听到炮声的人呼唤炮火！让一线直接做决策！"任正非还给出了具体放权策略，他认为：通过现代化的小单位作战部队在前方发现战略机会，迅速向后方请求强大火力，用现代化手段实施精准打击。

很多时候机关干部身处高位，与前线接触的机会并不是很多，所以本身不太了解"前线"的"作战"情况，即便拥有再多的权利与资源，也无异于增加了流程控制点，不但降低了企业的运行效率，反而还会增加运行成本，滋生官僚主义与教条主义，非常不利于企业的发展。而"让听得见炮声的人来决策"则是将中央集权进行下放，让基层作战单元在授权范围内，有权力直接做决策，这样一方面能从制度层面避免上级在不了解情况下所做的决策存在缺陷的可能性，限制了决策这滥用职权的可能；另一方面则能够唤起下属的主观能动性，能够从员工当中更好的挖掘优秀人才。

任正非口中的"放权"的呐喊并不是一句简单的口号，在他也的确做到了"放权"。当2011年华为开始大踏步地从运营商走向企业和消费市场的时候，率先成立了企业BG和消费BG，将消费决策权向前线进一步前移。而当发现华为在互联网渠道的不足之后，有进一步推出了"荣耀"品牌，并赋予其独立操盘的权利。在前线人员根据中国互联网渠道特点的挖掘之后，便因地制宜地采取了针对性的打法，这才让华为的"荣耀"品牌在中国互联网市场中成功立足。

正如任正非所说，自己如今在华为已经是一个掌握"思想权"的领导者，他完全将自己定义为一个形式上的管理者，其背后就是大胆的放权，让那些真正有能力的专业人士参与到华为发展与壮大的各个环节中去，从而成就了华为如今在世界市场中的伟大地位。

的确，思想有多远，路就能走多远，这句话是对任正非用"让听得见炮声的人来做决定"的管理方式的最好的诠释。在任正非强大的"放权"思想的指导下，华为未来的发展必将不受时空所限，向更高更远的前方迈进。

创业笔记

创业企业需要思想家做指导，才能找到将企业做大做强的方法。将权力适时下放，聚集集体的智慧，才能将企业的发展道路越走越宽广。

第8课：强效激励，人人分享收获

重赏之下必有勇夫。一个企业的成功并不是仅凭借领导者个人拼搏就能实现，而是需要发挥大众的力量才能收获成功。企业对于这些有功之臣要进行强效激励，让人人分享收获才能激发大众更多的潜力，为企业创出更多的辉煌业绩。

不让"雷锋"吃亏

华为价值评价标准不能模糊化，要坚持以奋斗者为本，多劳多得——你干得好了，多发钱。我们不能让"雷锋"吃亏，"雷锋"也要是富裕的，这样人人才想当"雷锋"。

近几年，人才流失问题已经成为业界关注的重点话题，如何才能用最佳的薪酬体系来招聘人才、留住人才和激励人才，是众多企业领军人物殚精极虑的事。

任何一家企业都可以将自己的人力资源划分为三类：贡献者（投入大于回报）、打工者（投入等于回报）、偷懒者（投入小于回报）。一个不好的激励机制，往往可以使贡献者变成了打工者，打工者变成了偷懒者，最后大家都成了偷懒者。这样的企业将如何继续发展？

如今，"吃大锅饭"的时代已经离我们远去，经济市场中激烈的竞争已经不允许企业"养闲人"，也不允许对那些"多劳者"和"少劳者"一视同仁。"多劳者多得，少劳者少得"已经是大势所趋，更是企业对员工价值回报的一种公平机制，在这样的机制激励下，可以让多劳者更加多劳，少劳者更加积极工作。

在华为内部，流传着任正非的一句话"不让'雷锋'吃亏"，就是对"多劳者多得"的一种很好的阐释。任正非为了不让"雷锋"吃亏，不但在精神上给"雷锋"更多的尊重，在物质上也给"雷锋"更多的保障，让"雷锋"有更加持续的动力为华为做更大的贡献。

在2014年9月23日，任正非在公司内部激励导向和激励原则汇报会上发表了这样的讲话：

"非物质激励主要要管理好机会激励、思想激励。非物质激励应该是让多数人变成先进，让大家看到有机会，拼命去努力。如果只有少数人先进，被孤立起来，其实他内心是很恐惧的。我认为金牌奖比例还是太少，华为绝大多数人是先进人物和优秀分子，愿意发钱就发钱，即使发个奖章也好。"

非物质激励是一方面，但一个富有活力的企业，必定是在围绕一个优质的员工利益机制来运行的。拥有一个科学的绩效管理体系，多劳者得到了合理的回报，让"雷锋"不吃亏，将会涌现出更多的"雷锋"。华为的科学激励机制是在用制度在培育"雷锋"，而不是在用道德培养"雷锋"。能够享受到应有的尊重和物质福利，谁还愿意继续偷懒？

当然，华为的福利并不是一种盲目的奖励，而是依靠标准考核体系进行分配的，按照任正非所说就是：

"薪酬激励的对标分析要提高合理性，要管理好拉车人和坐车人的分配比例，让拉车人比坐车人拿得多，拉车人在拉车时比不拉车的时候要拿得多。

在进行公司员工薪酬水平与社会水平对比时，高级干部要去掉股票分红，基层员工要去掉加班工资，再作薪酬激励的社会对比，这样才能建立合理的薪酬激励对标管理。员工的货币资本所得（指员工获得虚拟受限股所带来的收益）管理要考虑员工过去的劳动回报，在当时历史条件下做出的贡献，不能用今天来否定过去；而员工的人力资本所得（指员工获得的工资性薪酬、年度奖金和Time-unitPlan等累计的总收益）管理更多要看现实表现。"

华为的这种薪酬制度，实际上是从"大锅饭"时代的给"人"发工资，转变到了给"事"发工资：以前是给工龄、学历、职称发工资，现在是给绩效发工资，只要员工为公司做出了贡献，那么公司就会毫不吝啬地对员工进行回报，为员工提供高于业界的薪酬，甚至是良好的工作环境、生活、保险、医疗条件等，这样就能将资金用到刀刃上，无论是华为还是华为的员工，双方皆大欢喜。简言之，员工有多大雄心、有多大能力、有多大潜力，华为就会给多大的薪酬。

"只让马儿跑，不给马儿草"的企业，肯定会让员工大为不满，这样必然人心涣散，不利于企业的持续发展。只有采用员工激励机制，按照对公司贡献的大小和多少，给员工公平的物质和非物质激励，才能让员工"扬鞭奋蹄"，为企业连创佳绩。

创业笔记

在当前这个人人创业的时代，谁能够制定出最有活力的薪酬体制，谁就能吸引到最优秀的人才，谁就能在激烈的市场竞争中长久地活下来。

股权激励：工者有其股

我创建公司时设计了员工持股制度，通过利益分享，团结起员工，那是我还不同股权制度，更不知道西方在这方面很发达，有多种形式的激励机制。我仅凭自己过去的人生挫折，感悟到要与给员工分担责任，分享利益。

当前，很多创业者都是在无背景、无资源、缺资本的情况下白手起家，却要与世界巨头和国企拼市场、抢人才。创业者单枪匹马上阵，想要在市场中争夺一席之地看似毫无胜算，但"谋事在人"，只要有好的方法和策略，白手起家不再是神话。解决这些困难的最好的、也是唯一的出路，就是与员工一起做老板，共同打天下。

任正非在当初创业的时候，也算是白手起家，用21000元换来了如今可以称霸世界的巨额资产。但任正非却在创业策略上有自己的一套方式和方法。有人问及任正非华为能够白手起家创造业界神话的原因时，任正非这样回答：

"华为是科技企业，要更多的聪明人、有理想的人一起做事，所以就只能一起抱团，同甘共苦，越是老一代创业者和高层领导干部，越要想到自觉奉献、只有不断地主动稀释自己的股票，才能激励更多的人加入到华为的事业中一起奋斗……"

所以，华为的成功可以说是一部艰辛的奋斗史，而驱动大家一起奋斗的就是股权激励。在华为，自成立到现在，已经经历了多次大的股权激励变革。

1990年，当时华为正面临融资难的问题，任正非意识到，要想把创业团队留住，同时降低现金的支出，实股激励是最佳方式，于是，华为开始授予在华为工作超过一年的骨干员工一定数量的认股权，员工可以通过工资、奖金来以一元/股的价格认购这种内部股。如果员工没钱，却想认购股票，公司还可以为员工提供贷款实现成功认股。

2000年，华为做了第二次股权激励。当时华为想要解决的问题是管理层控制权太分散的问题，由于之前给员工的都是"一元一股"的实股把公司股权分散了，所以在这个时候就不再实行实股，而是转变为"虚拟受限股"的激励方式。从此以后，每年华为都会根据员工对公司所做贡献的大小来获得相应的股份，取得认购资格的员工按照公司当年净资产价格购买"虚拟受限股"，通过分红的方式和"虚拟受限股"对应的公司资产增值来获取收益。

2003年，正逢国内发生非典，华为的海外市场受到严重的打击，同时华为在美国遇到了和思科的知识产权纠纷，此时，华为再次发起了股权激励计划。华为为了能够解决给高管、核心层配股问题，并规定员工的股权在三年内不允许兑现，这三年内员工一旦离开华为，将无法享受任何股权待遇，即所持股权将全部作废。这次股权改革虽然表面上看是对员工的股权加以限制，对员工利益不利，但实际上对让华为走出了当时所处的困境，使得华为的销售业绩和利润实现了猛增。

2008年，美国次贷危机严重，全球经济受损，华为作为一家全球发展型企业，同样也难逃影响，此时，华为推出了"饱和配股"的方式。该方式几乎涉及到了所有工作满一年的华为员工，但持股量按照工作级别进行匹配，且设定持股上限；对于那些已经达到持股上限的老员工，则不再参加配股。

2011年，华为的"虚拟受限股"已经发放了98.61亿股，超过6.55万名员工持有股票，这一股权激励机制为华为员工带来了丰厚的价值回报，更激励他们为华为创造更多的利润。

如今，由于《中华人民共和国公司法》的限制，中国之外的员工，以及那些新员工不拥有公司股权，华为中8.5万名员工共同拥有股权，这让华为没有任何外部财务波动；创始人任正非也仅拥有这家公司1.01%的股权。

正如任正非所说，自己"是这个世界上最穷的老板"，然而，华为的这种股权激励方式却使得员工能够为公司创造更多实实在在的利润和价值,更重要的是能够让员工有强烈的归属感,能够更加死心塌地地为公司服务。在这一政策的激励下,使得员工与华为紧紧地捆绑在一起,成为了"利益共同体";使员工认为,为华为努力赚钱就是在为自己赚钱,这样的主人翁感会不断推动华为向前发展。

创业笔记

"众人拾柴火焰高。"创业靠创业者一己之力是很难成大事的,唯有抱团合作才是最佳捷径;但不能忽视对每个"合作者"的利益激励,这是推动"合作者"为企业更加"卖命"工作、让企业能够不断创佳绩的重要手段。

第三章

市场策略——以客户为本,以客户满意度为标准

第9课：客户就是上帝，就是创业的根本

创业者创建企业的目的就是最大限度的盈利，然而企业利润来源于客户。可以说，客户就是创业的根本。如果将客户奉为上帝，客户是可以感知的，认为自己受到了重视、赢得了尊重，就自然会给企业一定的价值回报。任何时候都不能低估每一位客户背后隐藏的利润，不要放弃为每一位客户提供贴心的服务。

时代的竞争是客户的竞争

我们认为最宝贵的财富是客户，一定要尊重客户。我们以客户为中心的文化要坚持下去，越富越要不忘初心。

如今，在业界有一句非常流行的话："得客户者得天下"，因为很多创业者已经意识到客户在企业发展过程中的重要性，企业之间的竞争

其实就是客户流量的竞争，一切产品生产、销售都是围绕客户需求来进行的。没有客户的企业，就不会有源源不断的利润，就会逐渐在大的市场环境中"死去"。

任正非对于市场发展前景，认为"一切以客户为中心"，客户需要什么就做什么，提供客户满意的产品和服务；和客户建立长期、稳定、相互信任的密切关系，对于企业来讲是重中之重。因为客户是企业活动的起点和归宿，如果能够将客户关系维护好，就可以与客户之间构建起良好的信任关系，为企业创造更多的利润。

在任正非眼中，要想做到一切以客户为中心，首先就要维护与客户之间的良好关系，这样不但能通过良好的服务流程和完美的产品体验为用户带来意想不到的惊喜，更能够让这些用户逐渐在坚实的信任关系基础上转化为公司的"粉丝"，更重要的是还能借助老客户的转介绍力量吸引更多的新客户，为企业创造出更大的效益和竞争优势。这体现出任正非的睿智。任正非历来非常注重与客户之间的关系维护，所以某次研讨会上，他表示：以客户为中心，以奋斗者为本，长期艰苦奋斗是华为二十多年悟出的道理，是华为文化的真实。公司所有的行为都归结到为客户提供及时、准确、优质、低成本的服务，以客户为中心——没有客户华为就饿死了。以奋斗者为本，其实也是以客户为中心，即把为客户服务好的员工作为企业的中坚力量。

当任正非发现华为有淡化客户为中心的文化趋向时，结合美联航事件表示，"美联航不以客户为中心，而以员工为中心，导致他们对客户恶劣的经营作风。"对于这类人群要从专家队伍和主管队伍推到职员岗位上去,将来人力资源会做相关考核,对于那些不尊重客户的专家和主管要进行末位淘汰。

任正非的这些规定并不是简单的口号,而是在华为的发展中逐一落实,所以,华为无论在产品研发、产品生产、产品销售等环节都是以真正了解客户需求进行,以有效地对产品和服务设计进行分析为原则,不仅能够识别客户、忠诚度和生命周期价值,还能通过整合的营销沟通策略来优化与客户之间的关系。

华为曾承接了某银行实现电子化系统的研发工作,为了能够给客户带来更加能够满足其需求的产品,华为专门成立了解决方案部。这个部门的成员除了资深的研发人员之外,还有各个业务部门有经验的员工,都在为这个方案而出谋划策。华为将研发重心放在了研究金融信息化趋势和顾客需求的基础上,放在了进一步强化客户解决问题的方案上。当这个研发成功做成之后,客户非常满意,并给予好评。正因为如此,这家银行也成为了华为忠诚的客户,也为华为在市场竞争中加了分。

正因为华为始终都是以客户为中心,将客户的需求和利益作为出发点,才在发展过程中获得了越来越多客户的青睐,让华为在市场竞争中又增添了一份竞争实力,一步步在市场竞争中打败对手。

创业笔记

企业的存在依赖于客户,与客户之间建立良好的信任关系,是维护企业强大生命力和竞争力的基础。

为客户服务是企业存在的唯一理由

天底下给华为钱的只有客户，全世界只有客户对我们最好，他们给我们钱，为什么我们不对给我们钱的人好一点呢？为客户服务是华为存在的唯一理由，也是生存下去的唯一基础。

"客户是企业的衣食父母"，这句话其实已经在商业界得到了普遍认可。"客户是上帝"，但并非所有企业都把客户当成上帝来对待。在任正非看来，客户才是企业长存的灵魂，为客户服务是企业存在的唯一理由。

与大多数企业一样，华为将"以客户为中心"作为华为发展的核心价值观，并且任正非也经常在各种场合向华为人和客户传达这样的观点，让他们知道华为能够存活下来，华为能够成功，关键原因就在于坚持以客户为中心，以及不断为客户提供更多的优质服务。

任正非所说的这一切，并不是做嘴上功夫，而是将"以客户为中心""为客户提供优质服务"做到实处。

为了为客户提供更加优质的服务，华为总是设备到哪里，就把服务机构建设到哪里，贴近客户提供更加优质的服务。在中国30多个省市和300多个地级市都建有华为的服务机构，通过这些，华为能够更好地挖掘客户需求，并做出快速反馈，同时也能够听到客户对设备运用和使用后的意见，帮助客户提供更多的解决方案。

然而，除此以外，华为为客户提供的更多生死攸关的服务。

在2011年利比亚战争爆发的时刻，许多欧美知名移动设备供应商在第一时间撤出了战区，中国政府也在全力安排将在利比亚的华人进行撤侨。面对如此严峻的生死时刻，选择安全回到祖国回到家人身边，还是坚定不移地守在客户身边？对于这个问题，很多华为人毅然地选择了坚守。"坚守"这两个字，在当时战乱的情况下是显得如此神圣和伟大，然而华为人选择了"坚守"，不是因为他们是不怕死的英雄，而是因为他们明白，此时如果撤回祖国，自己得到了安全，但网络和通信的安全和稳定对于客户来讲却失去了保证，华为人知道这个时候是客户最需要他们的时候。既然客户最需要他们，他们唯一能做的就是留在客户身边，帮助客户确保通信的安全和稳定。虽然华为员工知道，留下来就意味着自己随时可能会牺牲，有极大的生死风险，但为了客户，他们用自己的实际行动诠释了什么叫做真正的"以客户为中心"。华为的举动赢得了客户极大的信赖，受到了客户强烈的赞誉。后来，在利比亚战事结束之后，华为获得了更多的移动通信设备订单，这让华为的竞争力远超其他竞争对手。

华为在为客户提供优质服务方面，可谓事无巨细。也正是华为这种全心全意为客户服务的态度和行动，感染了每位客户。客户对华为的回报，又反过来为华为的快速发展提供了巨大的动力。华为的服务理念一直在不断更新，然而它"以客户为中心"的理念却从来没有改变，华为在为客户创造价值的同时，客户也给其带来了巨大的价值回报。在这一点上，华为与客户之间实现了双赢。正如任正非所说：

"要坚持对客户的长远承诺，对优良供应商的真诚合作与尊重。客户的利益就是我们的利益。通过使客户的利益实现,进行客户、企业、供应商在利益链条上的合理分解,各得其所,形成利益共同体。"

的确,客户决定了企业发展的速度与节奏,可以说成就客户就相当于成就自己。企业本身就是一个围绕商业利益而生存的组织,只有服务于客户,才能换来商业利益,才能换来一线生机。

⊙创⊙业⊙笔⊙记

创业企业的发展,要以为客户服务为遵旨,唯有优良的服务才能争取客户的信任,从而创造无穷无尽的力量,推动企业继续生存。

客户再小也要见

我一再告诫大家,要重视普遍客户关系,这也是我们的一个竞争优势。普遍客户关系这个问题,是对所有部门的要求。坚持普遍客户原则就是见谁都好,不要认为对方仅是局方的运维工程师就不做维护、介绍产品。

刚刚跨入创业行业的创业者往往一心想着能够与大客户成交,这样通常将绝大多数的营销时间花在了寻找大客户上面,而与很多小客户擦肩而过。结果为了一个"西瓜"丢了一堆"芝麻"——大客户没有挖掘到几个,小客户却损失不少,落了个得不偿失的结果。

客户没有贵贱之分,所有客户都是值得尊敬的,所以不管你遇到什么样的客户,都应该珍惜,不要好高骛远,一心想着与大客户合作能够一步登天,而忽略小客户的重要性。即使是小客户也藏着大商机,只要你踏实去与客户合作,一定能成就自己的创业梦想。

任正非向来是一个低调的人,他不喜欢接受媒体采访,不喜欢走上荧屏,很多人想要与他见面都是很难的。有一次摩根士丹利首席经济学家斯蒂芬·罗奇率领机构投资团队访问华为总部,任正非却只派了负责研发的常务副总裁费敏去接待,事后,罗奇失望地说道:"他拒绝的可是一个3万亿美元的团队。"任正非却并没有担心因此会得罪奇,反而回应道:"罗奇又不是客户,我为什么要见他呢?如果是客户的话,即便是最小的客户我都会见。我本身是卖设备的,就要找到买设备的人……"

可见,任正非只要把时间花在客户身上,即便是很小的客户,在他眼中都是把时间用在了刀刃上,而不是浪费在毫无意义的人或事情上,正因为如此,华为一直保持"普通客户"的原则,奉客户关系为至上,任正非对待自己的客户,能够一视同仁。

通常,大多数企业只对那些大客户感兴趣,他们往往保留的是与大客户相关的各种信息,很少对普通客户信息进行整理和管理。虽然那些普通客户并不像大客户那样有非常大的合作价值,但积少成多,只要拥有足够庞大规模的普通客户,同样可以创造出大客户,甚至是几个大客户的价值叠加。

任正非在这一点上有非常透彻的认识，并且在每次会议上都会着重强调，让员工不要忽视小客户、普通客户；任何一个小角色，都有可能决定一个项目中华为的去与留。任正非觉得华为能够有今天这样的份额，完全是一点一滴积攒起来的，即便是最小的客户，也不能轻易放弃。

有一次，华为在俄罗斯取得了一笔仅为12美分的订单，但华为并没有因为订单金额太小而放弃，而是继续一个一个的拜访电信运营商，最终在华为的不懈努力下，使得俄罗斯成为了华为在其海外最大的市场。

无论大客户还是小客户，华为都能如此用心去对待，可见华为对任何一位客户的重视程度。因为在华为眼中，客户就是让华为能够更好存活的基础，唯有抓住每一个客户，争取每次与客户成交的机会，才能保证华为在市场中长存。

华为一位领导的发言曾表示：

"我们每层每级都贴近客户，分担客户的忧愁，客户就给了我们一票；这一票，那一票，加起来就是好多票，最后，即使最关键的一票没投也没有多大影响。当然，我们最关键的一票同样也要搞好关系。这就是我们与小公司的区别、做法是不一样的。"

正是在任正非这种"客户至上"的思想带动下，才使得华为上行下效，能够将"普通客户"原则一如既往地一步一个脚印地坚持下去，最终成就了华为在世界经济市场中的荣耀地位。

创业笔记

　　创业是一步一步做起来的,成功是一点一滴积累起来的,不要幻想着能够一步登天,一跃成为大老板,好高骛远、急于求成都是创业的大忌。

第10课：不做没有利润的产品

在市场环境下，尤其是在市场经济不乐观的情况下，不能盲目研发和创新，产品创新的同时更不能忽视产品品质和价格设计。真正能贴近用户需求，为用户带来优质体验的产品才能赢得消费市场，才能为企业创造价值和利润。一切不以产品利润为目的的生产都是在搞浪费。

忽略产品质量，就等于自杀

我们决不能为了降低成本，忽略质量，否则那是自杀或杀人。

如今，产品质量是企业能够发展的根本，越来越多的企业也开始从原来的只注重追求销量和利润的思想中走出来，将质量把控作为一个重要的管理环节，要求全员提高产品质量。所谓"你若盛开，蝴蝶自来"，那些精益求精的产品，自然能吸引客户为之埋单，这是每个创业者希望看到的。在当前回归"质量为王"的时代，忽略产品质量，无异于自杀。

华为如今的发展如日中天，依然将质量问题看得很重，认为质量是在市场上获取有力竞争地位、长远发展、使企业走向成功的重要因素之一。纵观其他世界级的知名企业，无一不是如此。美国通用汽车公司曾提出"让质量上路"；福特公司强调"质量是第一件工作"等；日本早在1951年就设立了一项国家质量奖——戴明奖，每年将此奖项颁发给那些在质量上有突出贡献的公司。在二十世纪七八十年代，日本的电子类产品能够成功打入美国市场一个非常重要的原因就是它们能够拥有的高质量产品。

在中国，华为绝对是一个可以称得上重视质量管理的企业。在《华为基本法》中就明确提出："我们的目标是以优异的产品、可靠的质量、优越的终生效能费用比和有效的服务，满足顾客日益增长的需求，质量是我们的自尊心。"能够将产品质量看得和自尊心一样的重，可见华为的质量把控意识是非常超群的。

2017年3月，任正非在松山湖华为手机工厂考察时强调，产品质量是品牌常青、基业永存的核心，华为的品牌一直视质量为生命线。他认为，华为的制造水平跟上了时代的步伐，要逐渐培养敢为天下先的信心，要做全球的领导者。

的确，任正非在华为的制造体系中一直都践行"质量是华为最重要的基础"的原则。早期，由于华为缺乏资金、受技术的劣势等因素的影响，华为的质量相对于思科、朗讯等国际主流企业的制造产品质量来讲，存在很大的差距，因此华为在大战中一方面通过加强对服务的管理来进行质量方面的弥补，另一方面全面建立属于自己的质量管理体系。

在华为，一切资源都是为提高产品质量服务。华为在构筑高质量产品的过程中，能够做到不计一切代价的付出，任正非也为此强调：

"这个时代的特征就是高质量，一定要永远围绕高质量，提升我们的能力……制造是华为公司最重要的模块之一，要以工匠、技师为中心，建立一支铁队伍……利用世界上一切优势的资源，一切先进的工具和方法、一切优秀的人，实现高质量。"

目前，华为在全球范围内招募专家和技术人才，实行本地化人才策略。华为在全球都有自己的员工，至2016年年底，仅研发人员就接近8万人，在公司总人数中占45%。除此以外，华为还引进全球最先进的技术、吸引全球最强大的合伙人，一切都是为华为的高质量产品服务。

任正非有总是这样告诉自己："一定要称霸全世界的雄心，要去做世界领袖。"事实上，在他的带领下，华为已经凭借高质量产品，成为了全球企业综合实力十分强大的企业。

未来的世界是追求高质量产品的世界，所有的企业业务都将以产品实现高质量为前提，这是实现一个企业能够稳固发展，并追赶时代步伐，成为世界级精英企业的重要基石。

创业笔记

质量问题已经成为一个决定企业生死攸关的重要问题，做好质量管理和质量把控，已经成为创业企业发展的重中之重。

产品不要忽略低端市场

我们在争夺高端市场的同时,千万不能把低端市场丢了。我们现在是"针尖"战略,聚焦全力往前攻,我很担心一点,"脑袋"钻进去了,"屁股"还露在外面。

如今,整个大的经济形态下,产品如同雨后春笋一般层出不穷,然而,很多企业在进行产品研发和生产、销售的过程中,将所有的目光都集中在高端市场,因为在他们眼中,高端市场的消费者都是高质量消费者,在这里交易量高、利润率高,如果能在高端市场站稳脚跟,甚至能够一招击败竞争对手,跻身行业排行榜宝座,那么未来的日子里,企业就能够活得更加容易些。

虽然这种观点没错,却有失偏颇。市场之大,并不仅限于高端市场,如果一味走高端路线、注重高端消费人群,却忽略低端市场,那么获取利润的范围则相对狭小。另外,高端消费者必定在巨大的市场中占据少数,而绝大多数消费者属于中低端消费人群,所以,企业如果想让自己的利润蛋糕能够快速做大,就应当向高端市场进军的过程中,牢牢抓住低端市场。

华为就是从低端聚集了能量之后,才一步步进入高端市场的。众所周知,苹果一直以来都是走高端市场,市场中的产品都是高价产品,面向的消费者都是高端消费者;在早期,华为与运营商合作期间有大量的千元机、低端机,这就使得用户在换机时流向选择受性价比等多种因素的影响,很多用户选择了千元的华为产品,这样就很好地沉淀了庞大的用户基础。

基于庞大的用户基础，再加上华为定价水平的不断提高，华为的发展开始向高端市场酝酿。2017年3月，华为P10进入海外市场，定价为649欧元，折合人民币约4700元；P10 Plus的定价为699欧元，约合人民币5070元。华为给出的产品定价，直接对标苹果iPhone，显然，华为正在向海外高端智能手机市场挺进，这也标志着华为已经与苹果展开了一场正面竞争。

华为此举，如果能在高端市场的冲击路线奏效，随着关键性指标——平均售价ASP的提升，将带动华为手机的整体盈利能力以幂级速度快速提升。

即便华为在高端市场已经迈出一大步，但任正非却强调"不要忽略低端市场"，在一次战略务虚会议上，任正非做了如下的讲话：

"如果低端产品让别人占据了市场，有可能就培育了潜在的竞争对手，将来高端市场也会受到影响。华为就是从低端聚集了能量，才能进入高端的，别人怎么不能重复走我们的道路呢？我们不走低价格、低质量的路，那样会摧毁我们战略进攻的力量。"

华为在进军高端市场的同时，也注重低端市场的销量，并且对于不同的市场，市场策略采取去分化：在高端市场，将高端产品的价格提起来，建立高端品牌；在低端市场，提高低端产品的质量，实现产品标准化，并适当降低产品价格，能够更好地满足客户对于产品和价格的需求。在2017年7月6日，任正非在公司IRB（产品投资评审委员会）改进方向汇报会上又一次讲到：

"这个世界百分之九十几都是穷人，友商的低端手机有穷人市场，不要轻视他们。"

华为的这种市场策略也可以满足市场中不同阶层消费者的需求，这也正是任正非能够将华为做到行业领先的重要举措。华为的这种双管齐下、鱼与熊掌兼得的市场策略，是很多企业值得借鉴和学习的。

创业笔记

企业发展市场要全面、均衡，产品要满足市场中不同客户的需求，才能将市场中的所有客户都纳入囊中，这样企业的蛋糕才能越做越大。

产品竞争以用户体验为中心

相信每一个产品线只要真正去使用自己开发的产品，找到一个"以用户体验为中心""跳降落伞"的长效机制，就一定能够将用户体验为中心融入到整个产品线组织的血液，突入产品竞争力的无人区。

当前，"用户体验"已经成为市场竞争的重要环节。体验经济的到来，使得业界正全面打响一场"客户体验"战。

越来越多的企业开始在产品设计阶段融入体验思维，关注用户的全局体验。他们通过研究目标客户在特定场合下的思维方式和行为模式，通过设计提供产品或服务的完整流程去影响客户的主观体验，让用户能够花最少的时间与投入就能获得自己需求方面的满足。这种以用户体验为中心的产品也越来越受到客户的喜爱，成为广大产品中最具实力的竞品。

无论是"以客户为中心"还是"以用户体验为中心"，其实都是质量高于一切的华为所具备的优势体现。在华为，任正非相信，只有让少数高要求客户满意，才能让多数消费者更满意。

对于绝大多数消费者来讲，他们对智能设备的要求并不是很高，只要能将产品体验做好，这无疑会给客户一个惊喜。对于这一点，任正非也有自己的观点，他认为：如果一个公司不考虑用户体验，不考虑终端消费者的价值，那么这个公司就没有未来，并且提升用户体验的过程中，没有任何捷径可走。

事实上，自2011年华为终端业务面向消费者转型开始，华为就已经明确了以客户为中心的出发点，在产品研发的过程中从点滴做起，对一个个难关进行攻破，并做了一次次尝试，从用户体验上进行深度打磨，直到用户满意为止。

在2014年的MWC（世界移动通信大会）上，华为正式推出了第一代可穿戴设备TalkBand。TalkBand不但是一款智能可穿戴设备，而且还可以当做一款蓝牙耳机使用。华为这款可穿戴设备在正式上市前，可谓做足了准备。由于TalkBand是一款全新的产品品类，所以在研发初期并没有可供参考的研发经验，为了实现令用户满意的产品体验，华为在这款产品上下了不少功夫。首先，TalkBand的挂耳舒适度极具考验。由于挂耳的舒适度和稳固度是能够保证客户长期使用的基础体验，但与传统的蓝牙耳机相比，TalkBand的独特设计之处还在于放入了腕带，然而这却使得挂耳在设计的时候小了很多，为此，华为组建了由18人组成的一个测试团对TalkBand的舒适度进行体验，从选材到结构调整耗时5年，开了5套验证模，做了25次改型，最终才达成了目标，在原来小尺寸的基础上做了各种改进，使得TalkBand能够满足不同耳型的舒适体验。

此次大会上华为展示TalkBand样机，目的就是为了让TalkBand在正式发售前能够获得更多用户体验的反馈。用户在体验之后反应耳机取出时弹出力过大，偶尔耳机会弹飞出去，取出时要一个手指按住才行，取出耳机动作比较别扭等，这一切说明样机的使用体验较差。事后，华为针对这些反馈，以最快的速度为TalkBand结构团队和供应商组建了联合攻关组，经过两个半月的16次改版验证之后，才最终诞生了更加契合用户体验的TalkBand产品。

经过客户使用体验的反馈信息将TalkBand不断改进之后，这款产品受到广大用户的喜爱，TalkBand B1在2015年的销量达到了50多万台，并且月销量逐步上升。随后，全新一代的TalkBand B2在2015年的MWC上，成为华为的第二代可穿戴设备正式登场！TalkBand B2在TalkBand B1的基础上，解决了"用时找不到蓝牙耳机、数据监测不准确、与着装风格不搭配"等手环产品的普遍痛点，给用户带来了更加完美的使用体验。

虽然很多厂商都喜欢用极致体验来形容自己的产品，然而华为所坚守的"极致"并不是极致本身，而是让产品无限接近极致的过程。在华为的发展史中，从早期绝处逢生的PC到新兴的可穿戴设备，再到如今不断迎合用户体验的智能手机，无不体现出华为注重用户体验的思想。

创业笔记

这是一个客户体验决定企业未来发展的时代,提升用户体验,为用户创造价值,打造让客户怦然心动的产品,才是推动企业发展的行之有效的市场策略。

第四章

管理模式——创业企业的"法制"变革

第11课：从创业者升华为职业管理者

一个企业的管理者必须要具备职业化、流程化的素养，才能提高一个公司的运作效率，降低管理内耗，否则一切强调个人主义、英雄主义的创业者，是不可以称之为合格的管理者。

使部下成为英雄，自己成为领袖

我们既要把有强烈社会责任感的人培养成领袖，又要把个人成就感强的人培养成英雄。没有英雄，企业就没有活力，没有希望，所以既需要领袖，也需要英雄。但我们不能让英雄没有经过社会责任感的改造就进入高层，因为他们已进入高层，将很可能导致公司内部矛盾和分裂。因此，领导者的责任就是要使自己的部下成为英雄，而自己成为领袖。

每个创业者都希望自己的角色定位能够从最初的创业英雄变为创业

领袖。创业初期，创业者只能把自己放在创业前线，去感受创业的艰难，饱尝创业的辛酸，随着创业生涯的不断推进，创业者经验日积月累，能力突飞猛进，资金日进斗金，在这个过程中创业者在各方面得到了成长，已经能够在企业发展中独当一面，此时，创业者从最初的创业英雄中脱颖而出，成为能够纵览全局的创业领袖，带领创业英雄继续前行。

能够成为一个好领袖，自然需要能够带领英雄高举创业大旗，走向胜利的信心和决心。在任正非眼中，一个好的领导就应当像克劳塞维茨的《战争论》里的一句著名的话：要在茫茫的黑暗中，发出生命的微光，带着队伍走向胜利。任正非对这句话有自己的理解：

战争打到一塌糊涂的时候，高级将领的作用是什么？就是要在看不清的茫茫黑暗中，用自己发出微光，带着你的队伍前进；就像希腊神话中的丹科一样把心拿出来燃烧，照亮后人前进的道路一样。

在创业初期，任正非崇尚的是集体主义原则，他鼓励每位员工都要在各自的岗位上当好"英雄"。所以，在华为，很多高级管理干部都是从最初艰苦奋斗的英雄团队中选拔出来的精英。任正非对于自己的角色定位非常明确，他认为自己的工作任务就是"帮助部下去做英雄，为他们做好英雄，并为实现公司的目标提供良好的服务。部下做英雄，自己就去做领袖。当好领袖的首要工作就是服务"。

进入2000年，华为进入了职业化、流程化管理阶段，这个阶段是华为自创建以来的第二个创业阶段。2005年，任正非在为广东省委做华为发展历程的报告中，非常清晰地阐述了他对华为发展战略的哲学思维和方法论，他认为要达到优先满足客户需求的目标，就必须进行持续的管理变革。只有持续的管理变革，才能真正构筑"端到端"的流程，才能真正职业化、国家化，这个"端到端"的流程，输入端是市场，输出端也是市场，因此，必须快捷有效，流程顺畅。如果达到快速的服务，就会降低人工成本、财务成本、管理成本。

事实上，华为从最初的一个"英雄创造历史"的小公司正逐渐向一个职业化管理的公司转变。2007年9月，华为掀起了一场"集体辞职运动"，从市场部总裁到各个区域办事处主任都要提交连报告：一份是述职报告，另一份是辞职报告；华为采取竞聘的方式进行答辩，公司根据每位员工的表现、发展潜力以及公司发展对员工的需要，批准其中一份报告。在竞聘考核中，包括市场部总裁毛生江在内的大约30%的干部都被替换下来。

华为的这次"集体辞职"，目的是让每位员工先全部"归零"，体现了每位员工的起跑点都是平等的、均等的原则。竞聘上岗，则又体现出竞争机会的均等性。这种看似激烈的竞争方式，实际上隐含的是一种人人公平的原则，任正非正是希望通过这样的方式，能够在广大员工和干部中选拔出真正能够为华为发展做出贡献的"英雄"。这种做法也充分展示了任正非高超的领袖艺术：在顺利实现人员更替的同时，能够最大限度的保留落选员工和干部的面子，更重要的是选拔出来的"真英雄"能够实实在在地推动华为的发展。

任正非这种基于流程化、职业化的管理方式，将华为从一个名不见经传的小企业逐渐推向了辉煌。虽然任正非认为华为目前还担不起业内

"世界领袖"的担子,但毫无疑问,华为已经在走上"世界领袖"的路上;虽然这条路任重而道远,但胜利的曙光已经在向华为招手。

创业笔记

一个好的企业需要一个好的领袖,在好领袖的带领下才能磨炼出真英雄。企业领袖唯有把自己的人格魅力、牵引精神、个人推动力变成一种氛围,使他形成一个巨大的"场",才能推动英雄不断成长、引导企业正确发展。

自律永远是成本最低的管理

自律永远是管理的低成本,各级干部应把"践行八条"作为终生的座右铭,使我们的流程管理更加简洁、及时、准确。我们敢于接受群众监督,形成他律。自律与他律相结合,形成的组织氛围必然是正向、积极的,也提供了流程不完备时的"自愈"机制。

每一个企业自创立之初就有自己的管理制度,但并不是所有的制度都能做到事无巨细、无懈可击,所谓的流程、规范、制度,通常只对那些能够自我约束、自觉遵守的人才奏效。这些人能够很好地控制自己的情绪、欲望、情感,不会因为一时冲动而触犯企业规章制度。他们往往具有很强的自律性,即使不用制度来驱使和规范,他们也能将自己的本职工作尽职尽责,做到完美。

如果企业中的每一个成员都能做到自律，那么企业将会省去很多不必要的内耗，进而将这些内耗成本转化为企业投资，换来更大的经济效益。任正非对于这一点看得很透彻，他认为，自律永远是成本最低的管理。

2017年4月24日在道德遵从委员会第二次代表大会上，任正非对自律的重要性做了非常明晰的讲话，他讲到：

"制度不可能完善到无懈可击，流程只有与认真遵守的人相配合，才会取得较大的价值和贡献。如果流程过于复杂，沉重的内部体系运转不动，其实是管理高成本，客户不可能为我们自己的高成本买单，最终只会以失败告终。

历史上，很多世界级大公司倒闭，其实就是内部运作的极高成本，导致缺乏活力和竞争力，最后衰退。流程是用来运作的，当然目标是简单、及时、准确，绝大多数人遵守纪律就容易实现目标。"

可见，任正非总结出的"自律永远是成本最低的管理"这句话，是经过长期对那些世界级大公司倒闭原因进行观察和分析后得出的结果，这也让任正非认识到"自律"的重要性。任正非在华为要求员工和管理者不要有"富二代"的思想，在工作中不要盲目铺摊子，自身要在效率和费用上有所约束，要有自律性。

不但如此，任正非对自己的自律也要求非常高。任正非平时出行非常简单、低调，从来不动用公司的司机来接自己，而是自己掏腰包搭出租车。不是华为没钱，而是任正非觉得没有必要出行的时候大张旗鼓带保镖、带助理、让公车接送，省下来的资金完全可以拿来做项目研发，那样这些资金就能创造出更大的价值。

在华为，每个人都能很好地控制自己的欲望和贪婪，所以华为能够成为"长寿"企业，坚不可摧地屹立在世界企业之林，并能够跻身于世界级企业的殿堂。

从任正非甚至是每一个华为人身上，我们能看到自律是一个很好的管理工具。一个人的行为完全取决于如何做出最好决定的信念，而不是取决于自己当时的情感。一个能够很好地做到自律的人，他的行为往往能够折射出他的目标和价值。一个企业，如果人人都能做到自律，能够很好地约束自己的行为，而不是靠制度来规范，那么每个人能够获得更多的自由、更多的空间，能够更好地自由支配自己的时间和精力，为企业创造出更多贡献。这样于企业还是于个人，都是大有裨益的。

创业笔记

创业本身就是一个非常考验创业者的事情，如果不想让自己的创业生涯因为拖延、懒散而停止，如果想让自身价值得以充分体现，创业者本人就应当做好表率，学会自律——先严于律己，后严于律人。

在黑白之间寻求平衡

一个领导人重要的素质是方向、节奏，他的水平就是合适的灰度。

坚定不移的正确方向来自灰度、妥协与宽容。一个清晰方向，是在混沌中产生的，是从灰色中脱颖而出，方向是随时间与空间而变的，它常常又会变得不清晰，并不是非白即黑、非此即彼。

很多企业在还没有到达辉煌时刻，却已经走上了衰退的道路，究其原因，很多是因为企业在管理方面存在缺陷。科学的哲学管理方式能够聚合企业资源，以最优的投入获取最佳的回报带动企业快速实现价值目标，然而，很多企业在管理过程中要么过于苛刻，要么过于懈怠，这两种极端的管理方式都没有很好地将企业带入最佳发展之境。

管理就像是一根皮筋，如果崩的太紧，容易断；如果放得太松，就容易不成形：企业管理如果抓得太紧，企业上至干部、下至员工就会将身体和心理这两根弦拧得太紧，一旦超出其能承受的范围，这弦必然会断裂，此时能够为企业继续出力的人又能有几个？但如果企业疏于管理，则所有企业成员必定成为一盘散沙，没有目标，没有斗志，终将难成大事。

其实，管理不但是一门艺术，更是一门哲学，在华为，任正非提出了一个能把握管理平衡和节奏的新视角——"灰度管理"。

1999年以后，华为逐步进入平稳发展期，管理、提高成为华为发展的主旋律，任正非开始在华为营造更细化、更富有人性色彩的管理环境，也正是在这个时候，任正非所提出的"灰度管理"诞生了。

所谓"灰度"，从本质上讲，是正确反映客观世界和现实情况的思维模式；从字面意思来看，灰既不是黑，也不是白；既不是对，也不是错；既不是好，也不是坏，是一种黑与白、对与错、好与坏的融合。

任正非提出的"灰度管理"，实际上就是突破了将一切事物都一分为二的思维，在管理过程中，管理者在看待一个方案、员工时，不能仅从好与坏两个方面单纯进行判断这个方案可行还是不可行，这个员工优秀还是不优秀；无论人还是事情，没有绝对的对与错、好与坏，在这种情况下，管理者应当在这些人与事物之间找到一个能够介于两种评判结果之间的办法，将管理延伸到能够伸缩的缓冲地带，这个地带就是灰色地带。任正非曾表示：

"在变革中，任何黑的、白的观点都是容易鼓动人心的，而我们恰恰不需要黑的或白的，我们需要的是灰度的观点，在黑与白之间寻求平衡。

合理的掌握合适的灰度，是使各种影响发展的因素，在一段时间内的和谐，这种和谐的过程叫妥协，这种和谐的结果叫灰度。"

实际上，任正非所说的灰度管理，并不只是停留在哲学层面，而是在华为的实际管理过程中，起到了十分重要的作用。

华为的高层治理极具灰度特色。华为的高层治理方式吸纳了国外跨国公司的治理经验，有融入了西方民主政治的智慧，岗位轮换就是一个很好的灰度管理策略。在华为骨干岗位轮换，不但可以为企业培养全能人才，还能很好地避免个人长期执政所带来的"左倾"或"右倾"的极端思想，防止"山头主义"。

华为的竞合战略充满灰度色彩。从传统意义上看，"竞争"与"合作"实际上代表的是一种"敌"与"我"的关系，华为则能够结合外部环境的变化情况，利用灰度思维，在提倡对内对外的妥协精神，这种竞合战略使得华为与极大竞争对手之间形成了很好的动态平衡，使得与竞争对手之间形成了一种既定共识——共同瓜分世界。在这一共识下，无论是华为还是其竞争对手，都能很好地存活。

华为的人性管理更具灰度特点。华为的人性管理，一方面"求同"，即基于华为核心价值观的认同和统一。华为强调的"以奋斗者为本"是建立在对人性认知的基础上，既需要华为上下去奋斗，又要求人人共享，主观上是为自己，客观上是为公司、为国家。另一方面，华为提倡"存异"，对人性的差异性表示认可、保护和欣赏。千人千面，既然无法实现渗透，不如去认可、保护和欣赏这种人性的差异性。

华为的激励原则具有灰度风采。华为既让员工艰苦奋斗，又不让奋斗者吃亏。在坚持"利益共享"，与员工分享企业战果的同时，还让员工时刻不要忘记"以奋斗者为本"的原则，不让资本束缚公司的发展，不让利益分享模糊了员工艰苦奋斗的思想。

任正非不是思想家，但他绝对是众多企业家中最具思想力的代表之一，从他在管理华为时所持有的"灰度"理念就可以看出来。这种"灰度管理"结合了华为在我国的实际发展情况之后，用西方的方法使管理实现标准化，既具有西式管理的科学性和严谨性，又很好地避免了"水土不服"的问题，为华为的发展指明了方向，所以，任正非的"灰度管理"是华为在企业管理中更为理智的选择。

创业笔记

任何一个事物都有其两面性,我们不能从单纯的一面主观臆断地评判它的好坏,而忽略其内在的一面。"灰度管理"是一把企业管理利剑,是平衡企业管理的一杆秤,创业者需要在企业管理的过程中深入探索和挖掘更多的"灰度管理"的应用之道。

第12课：创业离不开制度这柄利器

选择创业，其实就是选择了一种截然不同的生活方式，企业制度就是对这种生活方式加以规范和约束的一柄法器。在这柄法器之下，任何有违规行为的企业人员都应当照章办事，不可越雷池半步。

组织没有铁的纪律就没持续发展的力量

华为公司建立起这支监管队伍不容易。一个组织要有铁的纪律，没有铁的纪律就没有持续发展的力量。

"欲知平直，则必准绳；欲知方圆，则必规矩。"严明的纪律是军队的命脉，更是企业大厦坚不可摧的"混凝土"，自古，治军无方的将帅不能统领军队，离心离德很难打胜仗；企业领导者没有强硬的组织纪律，也很难带领整个企业取得成功。

华为作为一家优秀的中国企业，在短短的三十年内创造了惊人的成长和发展奇迹,但由于其长期的低调,使得华为的成功之道更是披上了一层神秘的面纱,人们在推究其成功原因时,发现华为的铁的纪律也是成就华为的一个重要原因。

1995年,华为仅成立7年的时候发生了一次战略转折,随着C&C08万门局用数字交换机在技术上和市话市场上的重大突破,华为呈现出巨大的发展势头。此时,任正非觉得,一个企业需要铁的纪律,才能保证在未来有更加美好的发展前景,于是开始更加注重组织建设、管理制度化建设、文化建设,并将这三个方面的工作提上日程。历经数年,经过萌芽、起草到最终的审议通过,在1998年,《华为基本法》诞生了。《华为基本法》堪称华为的一个象征及引领其成功的《圣经》,其中,融入了华为的很多规章制度和道德纪律,处处体现了企业管理的"道",即企业的使命与核心价值观。也正是这部《华为基本法》为每一个华为人的行为指明了方向。

在《华为基本法》中规定,华为的全体员工无论职位高低在人格上都是平等的,人力资源管理的基本准则是公正、公平、公开。在这样的制度下,华为的每个人都受到等同的纪律约束。可以说,华为的可持续成长,从根本上是靠其组织建设和文化建设的强大力量实现的。华为在人力资源的有效管理下已经成为了一支高素质、高境界、团结一心的队伍,每位员工都能做到自我激励、自我约束,从而保证了华为优秀人才不断脱颖而出,为华为的快速成长和高效运作提供了很好的保障。

华为的严明纪律影响了每一个华为人。有一次华为在深圳体育馆召开了一个6000人的大会,要求保持会场安静和整洁,在开会期间的4个小时里,没有听到一声手机或呼机的响声。会议结束后,整个会场没有留下一片垃圾。

多年来，华为一直没有忘记纪律的重要性，2016年12月1日，在公司监管体系座谈会上，任正非又一次着重强调：

"华为公司建立起这支监管队伍不容易。一个组织要有铁的纪律，没有铁的纪律就没有持续发展的力量。华为最优秀的一点，就是将十七万员工团结在一起，形成了这种力量。公司发展这么快，腐败这么少，得益于我们在管理和控制领域做出的努力。"

任正非认为当前华为发展相当迅速，在这个过程中管理所覆盖的地方必定有很多不足，漏洞也会越来越多，为此，华为设置了内部控制的三层防线，在华为的制度管理方面做了进一步加强。任正非能够将铁的纪律运用于华为的管理当中，保证了各项工作都能有序进行，也推动了员工在一起紧密协作、人尽其职，而不是缺乏约束的一盘散沙。

管理不只是存在于我们脑海中的一个概念，更需要我们付诸实际行动。只有真正地行动起来，管理才能发挥它应有的作用，否则，单单纸上谈兵是起不到任何的作用的。找寻适合企业管理的方式，为企业量身定做，业绩才能提高上去；高收益飙上去，才能让企业的招牌响当当。

创业笔记

管理制度是企业的"鞭子"，工作制度是企业的"发动机"，企业的管理者要用制度管人，用纪律约束人。企业的每个人如果都在同一种制度的约束下，严格按照同一种制度标准去规范自己的工作行为，那么企业就具有了强大的组织纪律性，这也是管理的精髓。

处理人要有分寸和水平

处理人是有分寸和水平的，但是该"杀头"时还得"杀头"，你可以先把他的"头"砍了，半年以后再把"头"给他装上去嘛。

很多企业领导人在员工功过处理方面存在优柔寡断的诟病，作为一个领导者，一旦养成了这种习惯，最终吃亏的不仅仅是自己，更重要的是整个企业。俗话说"兵熊熊一个，将熊熊一窝"，领导者优柔寡断会耽误整个企业的"战机"和"战绩"。

华为以"三高"著称，即：高效率、高工资、高压力，这是华为一直以来的追求和员工工作的动力。所谓"重赏之下必有勇夫"，虽然丰厚的激励机制让华为的每个员工都能很好地秉承艰苦奋斗的作风，但华为的管理机制也是不容忽视的一个方面。

军人出生的任正非在企业管理问题上，体现出了足够强硬的杀伐决断。在高工资的吸引下，加上任正非可进可退的管理制度，从而训练出了员工的"狼性"。

任正非雷厉狠绝、贯彻一致的做事风格也是众所皆知的，其内部讲话充满了军人的作战式语言，华为内部召开大会时，经常会号召大家唱《团结就是力量》《解放军进行曲》，华为文化也是一种说一不二、带有"战争"色彩的文化。据说有一次召开华为员工会议，任正非号召全体员工学文化，结果中央研究部来的人不太多，任正非一怒之下说全体中央研究部的人半年不涨工资，结果真的半年都没涨工资。任正非自称是一个从贤不从众的人，绝不讲民主，用他自己的话说，就是"杀伐决断我说了算"。

正是这种耿直的性格，让任正非在华为的管理问题上永远都没有拖泥带水，在工作中一旦发现问题，就要找行政主管问责，并给予相应的处分。在任正非看来，总是怀有仁慈之心，心疼那些干部，让问题一带而过的做法是不行的，因为这样华为永远都建立不起一支优秀的作战队伍，华为的明天依然让人堪忧。任正非的这种"该杀头时就杀头"的果断和决绝，使得华为能够随时从偏离发展轨道的地方拉回正轨，让华为永远朝着一个目标快速前行。

但任正非在处理员工问题上也是一个很有分寸的人，他一方面表示"该杀头的时候还要杀头"，对工作上有失误的人不能姑息，另一方面又深感人才培养的不易，对那些已经被"杀掉头"的员工给予"重新做人"的机会。任正非强调："不适合的员工要进入末位淘汰资源池，但仍可以在职在岗自省。轻的可以降职降薪，弃除虚拟股ESOP或TUP。"

任正非的这种管理模式犹如打太极，在处理员工问题上进退自如、有序得当，看似是一种柔性操作，却能给员工带来很好的震慑和警醒作用，既能保障企业的高效运作，又能让人才得以保留。的确，任正非在处理人的问题上能够很好地把握分寸，他将处理人的水平提高到了一个新的境界和高度。

俗话说"读万卷书不如走万里路"，管理也是如此，只有将管理付诸于实际行动，才能达到理想的目标。任正非并没有将自己的管理机制作为一种口号，而是通过自己的铁腕向每一位员工宣告企业制度的制裁力和强制力，并能够游刃有余地把控全局，将企业制度的力量发挥到了极致。

创业笔记

管理的本意就在于对员工进行指挥、组织、协调、控制，为企业全员预期的共同目标而奋斗，因此，企业管理者应当注重全局的把控，在处理人的问题上保持分寸，提高个人的管理水平。

管理的最好境界是"无为而治"

实现无为而治，不仅是管理者实现"从心所欲不逾矩"的长期修炼，更重要的是我们的价值评价体系的正确导向。如果我们的价值评价体系的导向是不正确的，就会引发行为英雄化。行为英雄化不仅仅是破坏了企业的流程，严重的还会导致公司最终分裂。在这个问题上，我认为高级干部的价值评价体系导向比个人修炼更重要。

自古以来，商场上厮杀的激烈程度从来不比战场低，企业犹如一个巨大的系统工程，最终是综合实力的较量。当前企业之间的竞争已经不仅仅局限于产品的比赛，管理也成为一大竞争点。

在当前的互联网时代，技术进步比较容易，而管理进步却比较难，之所以难，关键在于管理的变革触及的往往是与人密切相关的个人利益，因此，当下企业之间的竞争，就是管理的竞争。如果竞争对手不断地在管理进步上下苦工，而自己却面对这样的局势无动于衷，那么企业最终迎来的必将是衰亡。

物竞天择，适者生存。管理的提升如果达不到一个理想的境界，就很难跳出被淘汰的厄运。当很多企业家正在大谈"人才是竞争力"的时候，任正非已经将目光放得更加长远，他认为：

"人才、技术、资金都可以引进的，管理和服务是引不进来的，必须依靠自己去创造。当一个公司把自己的希望寄托在一个人身上时，那是很危险、很脆弱的。我们不能把公司的希望寄托在一个人的生命和智慧之上。华为战胜对手的关键因素不是技术、资金、人才，而是管理和服务。公司将在奋力的发展中，逐步摆脱对资金的依赖、对技术的依赖、对人才的依赖，从必然王国逐步走向自由王国。"

任正非所说的"必然王国"是指人们对大自然或者社会状态的一种无能为力的状态，由于社会规律的认识不够导致了人们的思维和行为受到了社会力量的约束。"自由王国"是指人们能够支配自然界或者社会的一种状态。在自由王国里，人们完全摆脱了盲目必然性的奴役，开始成为自然界以及自己社会关系的主人。

任正非提出了这两个截然不同的观点，实际上他想要表达的意思十分明显，就是要将管理做到"无为而治"。所谓"无为"并非让人什么都不做，而是在遵循客观规律、尊重人性的基础上，倡导有所为、有所不为。

实际上，早在1997年，任正非就遵循老子的观点"无为而无不为"，提出"管理控制的最高境界就是不控制也能达成目标"。在任正非看来，即便谁都不会去管长江水，但它依旧奔腾不息，知道与海交融，不再复还；华为就像长江水一样，不需要管理层成天疲于奔波，就自动势不可挡地向成功奔去。可以看得出，在推动华为持续发展的过程当中，任正非的旗帜是非常鲜明的，在他眼中，公司未来唯有实现"无为而治"才是生存发展之道。

任正非曾经向下属表示：我相信，这些无生命的管理会随着我们一代又一代的死去而更加丰富、完善。几千年以后，不是几十年，这些无生命的管理体系就会更加完善，同时又充满活力，这就是企业的生命。任正非所说的"无生命的管理"实际上就是"无为而治"。他强调的是要在管理过程中减少管理者的介入，让所有员工和干部都能做到自我管理、自我控制、自我调节、自我引导。

基于这种思想，任正非在进行管理改革的过程中，最主要的就是对管理方式进行变革。任正非意识到，管理改革，首先就需要调动员工的工作热情和积极性，所以他引进国外的先进管理理念，不是靠管理者管理，而是靠员工自己的思想管理自己。因为，在传统企业的管理中，员工在压力和控制下进行工作，是一种被动的工作方式，已经与当前新的工作体系和工作环境不相匹配，只有脱离了"人盯人"的压力，主动激发自我工作激情和积极性，才能在工作中发挥出自己的潜力和才能。

任正非的带领下，华为的管理改革方式让企业员工逐渐走向了"自治"的道路，这也是华为能够在世界企业之林中所具有的独特竞争优势。

创业笔记

新时代下,企业的管理思想要开放,从原来的"人治"变革为"自治",让员工感到在企业工作更加自主和富有张力,员工才能超长发挥出个人的潜能和才华。

第13课：做好财务管理，莫让财务泡沫乱了创业阵脚

一个企业的兴衰与财务息息相关。一个企业的财务就像是一本故事书一样，记载了企业发展过程中的点点滴滴，清晰地呈现出企业的衰落与辉煌。做好财务管理，才能让企业避免走入"缺钱"的窘境，才不会让财务泡沫乱了企业发展的阵脚。

预备"粮草"，准备"过冬"

沉舟侧畔千帆过，病树前头万木春。网络股的暴跌，必将对二、三年后的建设预期产生影响，那时制造业就依靠惯性进入了收缩。眼前的繁荣是前几年网络大涨的惯性结果。记住一句话："物极必反"，这一场网络设备供应的冬天，也会像它热的人们不理解一样，冷得出奇。没有预见，没有预防，就会冻死。那是，谁有棉衣，谁就活下。

对于草根创业者来讲，寻找足够的创业资金，才是企业能够成立并启动的前提。但当一切已然准备就绪，资金也已到位，企业一切按照预期的那样开始进入运作阶段的时候，资金匮乏、资金链断裂依然是创业者需要面临的问题。

任正非在创业初期，仅凭借21000万元启动资金，便将华为推进了竞争激烈的市场。然而，随着中国经济与世界经济的相互融合变得越来越紧密，中国有越来越多大企业已经无法走出独立于是的行情，成本的上涨和需求的下降，成为了全球性难题。在这个时期，华为作为一个世界级企业，自然也会面临这样的困境。

在这个时期，华为属于"冬天"期，为了让自身能够得以继续存活，华为正在做"过冬"准备。解决平安"过冬"的最好"粮草"就是现金流，经过30年来的发展，华为总是能在不同的市场环境中选择更加适合自己的获取现金流的方式。

第一种方式：在各地区域建立合资公司，抱团过冬。

1994年起，华为先后在四川、浙江、山东、河北、安徽等地与当地的邮电局成立了27个合资公司，实行强强联合的同时，不但拓展了市场，也很好地解决了"过冬"的资金问题。

第二种方式：拍卖代理权。

1994年10月，华为已经成功进入电信运营商市场，为了能够更好地"过冬"，华为将其赖以起家的单位用户小交换机产品的代理权进行拍卖，仅HJD48空分用户程控交换机和EAST8000数字程控交换机的代理权就卖出100万元的价格。

第三种方式：卖一块业务给竞争对手。

2001年，华为"过冬"的时候，把旗下的安生电器卖给了爱默生，换来了7.5亿美元，并承诺收购后将进一步加强华为电气对中国客户的服务支持、技术支持和产品支持，承担华为电气既有的债权债务；2005年"冬天"，华为将在华为3Com中的49%股权出售给3Com，换来了8.82亿美元。华为不但能够凭借这些"粮草"安然"过冬"，甚至还能为下一个机会的来临做好充分的准备。

第四种方式：降低销售规模支持资金流的完整性。

华为创建的前20年，是"以规模为中心"，不断孵化出不同的子公司，在那个阶段，全球通信市场的潜力非常巨大，只要能抢到规模就一定有钱花。

但随着通信行业不断发生变化，收入和利润已经不再能划等号，2008年，华为的经营主导思想从原来的"以规模为中心"，专为"有效益的增长"，提高人均效益；2009年，任正非又提出了新的要求，即每个代表处、每个地区部、每条产品线，都必须以正的现金流、正的利润和正的人均效益增长为中心，并以此作为干部的考核依据；2017年6月，任正非在泰国、德国、波兰、俄罗斯四个国家访问期间，分析到："在全球经济不好的前夜，运营商日子不太好过的情况下，不能逼着增长，否则会被逼死，要保证盈利，渡过难关，以后就可以捡贝壳。不要着急着成大规模，否则太虚会被风吹走，要用'健康的方式'渡过这场灾难。"

任正非所指的"健康方式"实际上就是有利润增长和有完整的现金流。这样才能保证华为能在整个"冬天"都有粮草御寒。

为此，任正非要求降低了泛网络的销售规模，对于那些质量不好的合同就放弃签约，因为任正非认为："收入下降就要减低费用"，这也是保证华为"冬天"不断粮的一个重要方法。

总而言之，华为的这两种方法既是华为的生存之道，也是华为的发展之道。世间万物都有一个自然规律：自然有节气，经济有周期，春种夏忙，秋收冬藏，这是人类适应自然的结果，华为总是能在"冬天"来临之前未雨绸缪，因此每一个"冬天"，华为都能有充足的"粮草"保证安然"过冬"；每经历一个"冬天"，华为都能把一两个竞争对手甩到后面。

所以，在经济进入"冬天"的困难时期，能够像华为那样学会"过冬"、准备"粮草"，也应该是国内企业的一堂必修课。

创业笔记

"凡事预则立，不预则废。"企业家要有长远的战略眼光，既能预测到市场的未来，又能为即将遇到的困难做好相应的对策。这才是一个企业家应该有的创业素养。

加强财务管理制度的监管和优化

没有优良的财务管理，没有可靠的监控，我们的授权就不能完成，前方就不能直接呼唤炮火，官僚、臃肿的机构长存，我们如何能活下来？

对于一个企业来讲，资金运作就是其赖以生存的命脉。如果企业根本无法产生自由现金流，创业者又如何奢望从中获利呢？所以，任何一个企业都要加强财务管理制度的监管和优化，这才能保证企业有雄厚资金流，做百年企业。

早期，信息产业的发展具有极大的潜力，成为全球的朝阳产业，华为在初创期瞄准市场，其发展自然如坐春风，然而，如今供给过剩使得信息产品的价格越来越低，而产品制造由于技术越来越复杂，竞争也变得越来越艰难，全球企业需要为其设计、销售、服务部门的高素质人才提供更多的成本，在这种内部高成本、外部需求有限的情况下，企业如何才能存活是摆在所有国际公司面前的难题，即便是反应不及时、应对不自如的跨国公司也难以经受得住这样的压力。

然而，华为自创建至今，已经经历了30年的风雨洗礼，却从一家没有上市的民营企业一步一个脚印发展成为全球通信产业的龙头企业，是什么让华为能够在全球化中取得成功，并保持优势呢？答案就在于华为的财务管理做到了独到、深刻、细致，这也是华为在市场竞争中30年来屹立不倒的核心竞争力之一。

任正非对华为财务工作的期许是很高的，他在华为内部会议上多次就财务工作发表了自己的意见，直指当前社会利益的本质：

"经济战争替代武力战争，而经济战争需要依靠'管理'，尤其是前线指挥后线作战的管理（一线授权），而'财经管理'成为了一线作战是否可行的关键。"

任正非并不像大部分老板一样不懂财务，相反，他对财务的内容建设、财务对业务的支持、审计与财务的关系、财务风险的责任划分等的理解和思考，可以与财务专业人士相媲美。他认为：

"审计是司法团队，关注'点'的问题；财务监控关注'线'的问题，与业务一同端到端地管理；道德遵从委员会关注'面'的问题，持续建立良好的道德遵从环境，是建立一个'场'的监管。"

任正非的建议总是高屋建瓴，总能说到要害，更重要的是任正非说的华为也真的做了，真正在管理上做到了言行一致。

通常，大多数企业的子母公司采用链条式管理，每个法人实体都有自己的财务部门，而华为却不走寻常路，对于财务的管理，任正非要求要进行财务的集中管理，即将所有的子公司融为一个整体。换句话说，就是子公司于华为而言更像是一个部门，是数据核算上的一个维度，因此华为的子公司财务报表与区域财务报表、产品线财务报表、客户群财务报表和合同利润表等基本上是等价的。

在华为的组织架构中，财经体系是一个独立部门，集中管理公司的所有财务人员，华为的整个财务职能分为三个部分：会计核算、财经管理、审计监控，只有同时保证账务和内审的财务数据是足够精准的，财经管理的决策才值得信任。华为的账务集中管理模式在数据处理上有一个基本要求：每个数据应该进行多维度的运算。尽可能把所有数据的维度体现在核算中，以便未来根据不同需要生成各类报表。

华为的账务管理部门岗位分为七个：①员工薪酬中心（核算全球员工薪酬）；②员工费用中心（核算全球员工费用报销）；③应付中心

（核算采购）；④营收中兴（核算销售）；⑤总账（核算总账）；⑥共享中心（对数据进行收集和真理）；⑦报告中心（为各个管理维度提供数据加工）。

华为对每位账务管理部中员工所承担的职能进行了细分，曾经有一个被派到毛里求斯的财务坦言，自从接手工作以来，大半年除了点票没干过别的活。实际上，华为的这种财务集中管理，不但使得财务人员分工更加细化，而且使得财务管理的专业化程度更高。

任正非对于华为的费用报销流程也是非常严格的，即便对于自己差旅的报销也和华为的每一位员工一视同仁。一次，任正非去日本出差，报销差旅费时，把住酒店时的洗衣费也计算在内了，在华为，除了差旅的食宿纳为差旅费报销制度外，其他一切开销是不允许员工进行报销的，当内审发现这笔不合规的报销之后将之写入了审计意见中。这种做法在别人眼中或许显得偏执，但内审的这种硬气完全源自于华为一把手任正非的垂范。

正是因为华为有完善的财务管理制度，才使得华为的财务人员在管理的过程中能够做到严谨铁面、人人平等，从而成为了华为的一个核心竞争力。

创业笔记

财务是一个企业生存和发展的命脉，创业者在财务管理上是否具有一定的远见卓识、能否做出高瞻远瞩的财务决策，是一个企业能够拥有充沛的自由现金流，获取更多财富的重要保障。

将财务人员融入市场

财务如果不懂业务，只能提供低价值的会计服务。

传统企业中，财务人员的工作就是整日对着一堆报表，把自己埋在一堆数据当中，却很少与其他部门进行沟通，这样做出来的财务报表很多时候都很难做好工作对接，这是企业领导者在财务管理上的一大失误。

随着业务的不断推进，财务管理也需要适时改革、完善流程与内控，从而能够跟上企业在市场经济洪流中的步伐，让财务结果有更好的呈现。

在华为，任正非在谈及对财务人员的要求时，多次说道：

"财务如果不懂业务，只能提供低价值的会计服务；财务必须要有渴望进步、渴望成长的自我动力；没有项目经营管理经验的财务人员就不可能成长为CFO；称职的CFO随时都可以接任CEO。"

任正非提到的这几点，是根据实际情况对财务人员的现状和未来进行非常中肯的分析，十分有见地。任正非所说的"低价值的会计服务"，是指会计记账、会计核算，这样的岗位工作十分简单，可替代性很高。会计记账在未来可能会变得越来越低端，甚至有人预测，人工智能的兴起会使得会计记账通过自动化完成，而不需要人工记账。同时，作为一个企业的财务人员，如果一辈子都守在一个岗位上，特别是在华为这样的大企业里，如果一辈子只负责自己手头上的一小块业务，是很难在职业上有所突破的；所以，如果会计人员想要提升自我价值，就需要不断学习、调整、适应，需要从核算型会计转向管理会计蜕变，掌握更多的业务知识、市场知识、管理知识、产品知识等，这样一方面可以开阔财务人员的视野，另一方面可以让财务人员更好地融入到业务当中，为华为服务。

所以，任正非认为华为的财务干部应当懂些业务，业务干部应当知晓财务。华为经常开展一些财经干部和业务干部岗位互换的活动，不但加强了华为财经组织的业务建设，而且改变了财经组织一直以来简单、只会埋头苦干的做法。用任正非的话说就是：

"在财经组织里加入一些沙子，是为了形成混凝土，而不是要取代财务人员，当然换岗的业务干部要先通过会计考试。"

对于财务人员融入市场业务，任正非还对财务人员提出了三个具体的融入方向：参与项目管理、参与经营分析、参与预算预测。

参与项目管理。 企业发展越来越大，财务人员的分工也变得更加精细，这样就将财务人员限制在一小段工作当中，很难窥探到整个财务的情况，财务人员可以选择做项目财务，在全局把握整个项目的同时，能够更加贴近业务，可以很好地提升财务人员的个人能力。

参与经营分析。 任正非所说的"经营分析"，并不单纯限制在财务分析层面上，财务分析是需要结合实际情况为业务部门提供服务的，否则得来的分析报告结果能够产生的作用是非常有限的，简言之，财务分析是要透过财务数据分析其背后的业务状况，并找出问题，做出对策，落实责任，进行考核。经过这样一系列的工作之后，财务人员自然就在原有的基础上进行了个人能力的突破。

参与预算预测。以往财务人员只做财务预算，却很少与其他部门进行沟通和交流，并不懂业务，所以得出来的结论也与实际情况不太相符，任正非认为"计划是龙头，制定计划的人一定要明白业务。地区部要成立计划、预算与核算部，要让明白业务的人来做头。只有计划做好了，预算与核算才有依据来修正、考核计划"。可见，计划是方向、预算是量化、核算是校验，要想让财务人员参与预算和核算，关键是需要其能够懂业务。

任正非十分看重财务人员的价值，能够从全局的立场上，用财务管理制度为财务人员指明了发展方向。同时，一方面为华为的财务人员转身成为CEO奠定了基础，另一方面充分体现了任正非对华为的财务管理制度与内控的自信。

创业笔记

一个企业，最敏感的部门应该是财务部门，而财务人员对数字的敏感实际上是对企业业务的敏感。作为企业领导者，只有让财务人员跳出财务看业务，将视角前移，才能将企业的财务工作做得更加出色。

第五章

▶▶

竞争战略——打败一切竞争对手

第14课：只做第一，不做第二

一个企业在市场中的地位，无论第一还是第二，都是通过市场竞争战略实现的。竞争地位不同，竞争战略也有所不同。在当前这个市场经济快速变化的时代，企业的竞争地位也不是一成不变的，"只做第一，不做第二"是每个企业称霸世界的梦想。谁能够拥有适应时代发展的竞争力，谁就能成为市场的主宰者。

要么领先，要么灭亡

我们必须达到和保持高于行业平均的增长速度和行业中主要竞争对手的增长速度以增强公司的活力、吸引最优秀的人才和实现公司各种经营资源的最佳配置。在电子信息产业中，要么成为领先者，要么被淘汰，没有第三条路可走。

创业者在企业竞争战略问题上往往会投入很多精力和时间，因为竞争战略在很大程度上决定了一个企业在其奋斗的路上能走多久,走多远,能发展到多大的规模,以及能否在市场竞争中存活。竞争在企业成长和发展过程中无时无刻地存在着,稍有不慎,企业就会跌落万丈深渊,甚至摔得粉身碎骨,不复存在。

华为竞争精神的精髓用任正非的话说就是:华为变得强大的原因是因为对手基本为国家化的大巨头,唯有狭路相逢勇者胜,不害怕、不躲避、不回避,积极主动迎接挑战,瞄准业界最佳,针对自身建设上的弱点,毫不遮掩地揭露和改正、虚心学习、缩小差距,孜孜不倦地追求,千方百计寻找策略和方法,强大到足以参加国际竞争,并打败对手。

华为做任何事情都是走国际化道路,视野国际化、营销国际化、人才国际化、机制国际化、资源整合国际化,如今就连竞争也要向国际化看齐,正如任正非所说:

"华为公司若不想消亡,就一定要有世界领先的概念。唯有世界领先,否则随时都可能破产。"

所以,华为的这种竞争精神的是华为领先世界的豪情和自信。

任正非认为,企业要想在世界领先,首先就需要在世界市场中能够生存,企业得以生存的必要条件就是拥有市场。没有市场就没有规模,没有规模就没有低成本,没有低成本、高质量,企业就难以参与竞争,必然会走向衰落。

然而,实现市场规模的扩大,一是要有客户,二是要有具备竞争力的产品,这就要求企业首先要通过提升具有领先地位的研发技术去创造存活机会，而不是等到机会出现时再去想办法抓住机会。尤其对于华为这样一个高新技术企业来讲，技术一定要超然卓群，所以，任正非坚持技术领先的原则，大力发展核心技术体系。

华为从1988年创建之初，就以"华为技术"命名，从此华为就与技术结下了不解之缘。华为从代理交换机起家，当时虽然赚了点钱，但华为并不满足于只做一个"二手"经销商，而是要发展属于自己的产品和技术，于是在一番摸索和努力下，华为研发出了属于自己的小交换机，尽管产品在技术上还不是很成熟，但华为凭借自己的努力还是赢得了一席之地。

1993年，由于研发的JK1000空分局用交换机因为技术方向上的判断失误，给华为造成了惨痛的损失，然而华为却在这样的艰难时刻依然没有放弃对产品技术提升的梦想，投入公司仅剩的所有资金并用银行贷款背水一战，全力进行C&C08数字程控交换机的研发。

从1993年开始，华为每年都要拿出不低于销售的10%的资金进行研发，实际上，很多时候拿出来的研发经费已经超过了销售收入的10%。

1996年，在一次华为高层与一家著名咨询机构的协助下举行的战略研讨会上，当咨询公司的合伙人问及什么是华为竞争战略的核心重点时，在场的华为高管几乎不约而同地提到了华为的"核心技术领先"，而任正非则进一步阐述了华为的技术领先之道：

"华为与跨国通信企业相比还是一个小公司，我们只能通过持续的、大规模科研投入和集中精力突破一点的方法，使我们与世界著名公司相比部分产品达到先进水平，局部还领先，从而获得市场的支持。"

任正非所提到的正是华为著名的"压强原则"，宝剑锋从磨砺出，虽然1996年的华为还基本上谈不上核心技术领先，但经过30年的努力和"压强原则"地反复锤炼，今天的华为已经在国际通信设备的核心技术领域占了一席之地，成为了华为在国际竞争市场的助跑工具和竞争优势，国际上对华为核心技术的评价更是有口皆碑。

企业的发展如同逆水行舟，不进则退，任正非用"要么领先，要么灭亡"将华为推向了"除了进步，无路可走"的风口。任正非作为华为的领导者，总能用长远的眼光为华为制定长远的规划和发展目标，能够用核心技术领先让华为站在国际化竞争的制高点上，受全球企业瞩目和景仰。

创业笔记

企业在市场竞争中是一场生与死的较量，然而，在这场残酷的厮杀中，谁能占据竞争的核心力量，谁就能脱颖而出，在行业市场甚至是国际市场中占据领先地位。

最大的竞争者是自己

企业最大的竞争者就是自己。

企业竞争，通常前有堵敌，后有追兵，在这中进退两难的地步，要想战胜敌人，冲破重重包围，首先要突破自我，战胜自我。

任正非在30年来的创业经历中，不断的经验积累让他明白企业的最大竞争对手就是自己。在2015年1月23日的达沃斯论坛上，任正非指出：

"在华为公司的前进过程中，没有什么能阻挡我们，能够阻挡我们的，就是内部腐败。所以，我们最大的竞争者是我们自己。"

可以看得出，华为将"反腐倡廉"作为企业内部的一项重要的管理内容，并将反腐作为华为的自我竞争内容，在华为，反腐的工作从来都没有停止过。2017年，华为在深圳坂田基地召开干部工作作风宣誓大会上，任正非带领华为高层和管理者进行了一项有关"廉洁自律和高效执行"的宣誓。如果在其他企业进行这样大张旗鼓的反腐宣誓，必定会让很多人嘲讽，认为是在做作，然而，在华为，发生这样的事情，却能够让人心生敬佩之情。

全球不仅因为华为高歌猛进的发展速度而对华为无比关注，同时也因为华为内部的反腐工作，近年来，华为的盈利一路飙升，从其每年以递增方式上涨的销售额可见一斑，与此同时，华为的专利数量也连续多年居于国内首位，华为拨去用于产品研发和技术提升的资金常常超过许多知名企业的销售额，如此庞大的企业，内部涉及各类技术人才、管理人才、销售人才等，腐败问题是一个几乎不可避免的问题。任正非意识到其严重性，但却表示公司不因腐败而不发展，也不因为发展而宽容腐败。可见，任正非一方面要狠抓腐败的问题，一方面要进一步加快华为的发展。

事实上，任正非在华为的发展过程中也是这么做的。如今，华为的员工人数超过了17万人，面对如此庞大的团队规模，如何能够保持高效运作和廉洁作风，对于任正非来讲是一个不小的挑战，在2015年1月23日举办的达沃斯论坛上，任正非坦言：2014年12月31日，华为内部宣布年底开放"赦免政策"，鼓励坦白从宽，要求作帐的主管自己承认，结果有四五千名干部"坦白"。

所以，华为的宣誓词强调"不说假话、不搞派系、不拍马屁"，这些誓词的本质，都是为了降低沟通成本，更重要的是为了在华为内部进行反腐、反官僚，这样就不会消耗太多的战略竞争力量。所以，华为的宣誓体现了廉洁自律的制度要求，更展示了华为的自我认知能力。假如华为没有这样的企业制度做基础，那么在世界市场的竞争力将会大打折扣。

任正非一再强调的"最大的竞争这是自己"，说明他有很强的自控、自制能力。一个企业就像一个人一样，试想，如果不能很好地把控自我、管理自我，又何以能在竞争中打败竞争对手？任正非是华为无可争议的权威人物，在他的带领和制度管控下，每个华为人都能够保持高效运作和廉洁作风，具有高度的文化、情感认同，具有坚定一致的目标，在降低华为战略竞争内耗的情况下，"带头大哥"一声令下，所有华为人无不为争夺和巩固华为在世界市场中强大的竞争地位而情绪激昂、赴汤蹈火。

创业笔记

企业当中，贪腐是不可避免的，这样造成的直接后果是增加企业内耗，造成的间接后果是降低企业的竞争力，所以企业内部需要加大力度开展反腐倡廉的管理工作。

第15课：练就以弱胜强的竞争本领

竞争无处不在，企业要学会在竞争中成长，练就以弱胜强的竞争本领，才能在市场竞争的擂台上舞动竞争优势，舞出自信、舞出风采。但绝对不能忘记与竞争者强强联手、高度重视自我优势的保护，也是提升自我竞争能力的一种有效手段。

与竞争对手也要手拉手

华为不能做"黑寡妇"；要要保持"深淘滩、低作堰"的态度，多把困难留给自己，多把利益让给别人。多栽花少栽刺，多些朋友，少些"敌人"。团结越来越多的人一起做事，实现共赢，而不是一家独秀。

美国著名外交家基辛格说过一句话："世上没有永远的敌人，也没有永远的朋友，只有永远的利益。"这句话不仅适用于政界，而且适用于商界。对于企业而言，与对手之间的竞争决定了自己未来能否在市场中继续生存。

在很多企业家看来，竞争对手就是自己在发展道路上遇到的最大的敌人和阻碍，如果能扫净竞争对手，那么在日后的发展过程中必然犹如在无人之境，可以畅通无阻、自由驰骋，然而，任正非却不这么认为，任正非看来，没有对手的商业就没有动力，不给对手留余地的经商，就是一锤子买卖。

任正非是最早提出"友商"概念的人，他强调竞争对手也要手拉手，也要走向合作。在任正非的领导下，华为与国际电信巨头之间既是一种竞争关系，同时也是一种合作关系，使得国际范围内的电信行业形成了一种全新的"竞合"新局面。这种在竞争中合作，在合作中壮大，为华为在国际市场中的领先地位奠定了基础。

华为的任正非在打入欧洲市场之后说了这样一段话：

"我们在欧洲的份额也不能太高，我们也要给竞争对手留有生存的余地。所以有时别人说我们定价高，我们定价不得不高，我们如果定价低就把别人都整死了，把别人整死不是我们的目的，这样其实自己也活不了多久。新的科技随时可能翻盘和取代，共同发展才会让更新和取代停留得久一点，更久一点，或者给自己补充和创新提供余地，这才是共赢！"

任正非是这么说的，华为也是这样做的。

1996年，华为与中国香港的和记电信开展合作，积累了国际市场运作的经验。

2010年，华为在英国班伯里成立了网络安全认证中心，以确保设备质量，同时华为还与英国信号情报机构英国政府通信总部进行合作，以保证网络设备和软件的安全性。华为之所以与原本是竞争对手的企业进行合作，是因为它想让英国政府和广大客户都相信华为的实力，实际上，华为能够在欧洲逐渐扩大自己的市场规模，除了其坚持以客户为中心的理念和原则之外，在一定程度上也归功于华为的竞合战略。

尤其在2014年和2015年，华为在欧洲市场非常活跃，与多家欧洲企业建立了竞合关系，主要将战略合作聚焦于安全领域的云存储和手机应用等。

2014年5月，华为副董事长兼轮值CEO胡厚崑在亚太经合组织（APEC）工商界主题论坛上讲到："我们在全球不同的国家和一大批优秀的公司合作，他们中的一些甚至是我们过去的竞争对手，新的商业理念帮助我们将潜在的竞争关系转变成了伙伴关系，华为在全球提供的产品里高度整合了来自这些合作伙伴的能力，华为在全球的业务发展了，我们合作伙伴的业务也得到良性发展。这种与本地伙伴的在全球范围内的共赢恰恰是一个全球化的公司作为企业公民所能带来的独特价值。"

2017年，在电信行业最热的话题应当是"5G"，从运营商到设备商到芯片厂商以及产品供应商都在5G市场中摩拳擦掌。当爱立信将"成就5G，和弦共舞、合作共赢"作为自己在2017年的发展主题时，华为也在"5G"技术创新上继续探索，并与爱立信强强联手，将"5G"做为新战场。为了加速"5G"发展进程，共创公有云市场，华为致力于做大蛋糕，推进技术革新，深耕产品研发，在国内5G市场中占据了十分重要的地位，其一举一动都牵动着行业伙伴。

华为在国内外与竞争对手的合作并不仅限于此，在和竞争对手合作的过程中，也给竞争对手一个存活余地的同时，也给了自己一个发展的机会和空间，让自己在国际竞争上的地位更加稳固。民间有句谚语："十分的聪明要七分，后辈儿孙留三分"，讲的就是这个道理。我们永远不知道自己未来将会如何，有时候，那一个余地就是你转身的空间、走出去的台阶。

任正非能够在当前竞争白热化的环境下，用竞合战略让华为和竞争对手实现竞合共赢，让华为在市场竞争中变得更加强大，体现了任正非的高明之处，也表现了任正非不同凡响的市场驾驭能力。

创业笔记

创业者给对手留余地，不是"灌鸡汤"，是相互融合，互相促进的商业生态，也是做人、做企业的智慧和胸襟！

高度重视知识产权

我们要清醒地认识到，未来一定会有一场知识产权大战，我们要构筑强大的知识产权能力来保护自己不被消灭；但我们永远不会利用知识产权去谋求霸权。

21世纪是知识经济时代，知识产权是企业发展的灵魂，一个企业若不注重知识产权的应用和保护，任何企业都可以对你的知识创新产品进行模仿；而在这样一个产品高度同质化的时代，没有标新立异的产品，就很难吸引客户注意力，很难聚集大规模的流量池，很难在市场中形成强大的竞争优势。

华为的任正非认为，经历了华为30年时间的发展与变化，将一个靠代理别人的产品发展为如今的国际知名科技企业。30年来，任正非接触了很多硬件设施和软件技术，让他对知识产权有了更多的了解，也对知识产权有了自己的定位，在任正非看来，主导未来竞争赛局的是知识产权，创新是企业的生命力所在，缺乏创新的企业只能被淘汰出局。

任正非认为，创新是现代企业谋求未来发展不可或缺的因素，而华为主张的创新是一种大胆、开放的创新，在这一基础上，华为每年投入创新产品研发的资金逐年上升，专利申请数量也是逐年上升。2014年，华为公司研发投入408亿元人民币，申请国际专利3442件，在全球企业中排名第一；2015年，华为研发投入596亿人民币，申请国际专利3898件，华为成为2015年度国际专利注册数量第一名；2016年，华为投入研发所用的资金达763.91亿元人民币，国际专利申请受理量就达到了4906件，数量居国内企业之首。

华为在知识产权领域的创新能力逐年增强，系统申请的专利数量也代表了华为的科技实力和国际化程度，然而，专利的申请数量并不意味着一家企业在专利权上的积累和优势，被授权的专利才可以拥有真正话语权，华为为此也在不懈努力。2017年4月份年报数据显示："华为在全球建立研究所15个，累计申请中国专利57632件，外国专利39613件，已经累计获得专利授权62159件，其中90%以上为发明型专利。"华为的这些专利成果，无不体现了华为称霸世界的雄心，甚至连苹果公司每年也要向华为支付数亿美元的专利费。

华为可说是高专利申请量与高专利授权量并举的"专利大户",在专利高申请量的背后,意味着华为对知识产权的关注和自我保护,因为之前任正非在经历过一场知识产权纠纷,让他更加深刻认识到知识产权对于一个企业在市场竞争中的重要性。

2003年初,华为与思科系统公司之间就因为一起知识产权纠纷而将华为推到了风口浪尖,思科系统公司认为华为非法侵犯了其知识产权,并在四个方面控诉华为:盗用IOS源代码、盗用思科技术文件、盗用命令行接口、侵犯专利权。对于思科这样的控诉,一向不喜欢接受采访的任正非出面声明:华为将坚决、积极地保护自己的合法权益。

这场官司一直持续了将近十个月的时间之后华为发布声明:华为和思科签署了一份协议,中止了目前在德克萨斯州地区法院的未决诉讼。

在经历了十个月漫长的知识产权纠纷之后,任正非认识到,专利也是市场竞争的重要工具,华为应当完善知识产权管理体系,保护好自己知识产权的安全,不能让别人趁机钻空子。在经历这次经验教训之后,华为发生了一些改变:华为的研发办公区、实验室与其他部门之间都完全物理隔离,在整栋办公楼,就算是研发部门总裁级别的高管也不能用笔记本电脑,每位研发人员都必须用台式电脑,并且这些电脑机箱都被封起来,不能使用USB,不能连接互联网;如果有特殊情况需要联网,必须向信息安全部门进行专门的申请,华为员工对此调侃道:"在华为,连只苍蝇也难飞进去。"

任正非为了让每一个员工都能对知识产权进行高度重视,还特别在《致新员工书》(1994年12月25日)中强调:

"信息安全关系着公司的生死存亡。员工在参与公司产品研发、生产、销售等过程中,一是不要侵犯了别人的知识产权,二是不要将公司的智力资产泄露出去甚至据为己有,诚信和信息安全作为对每个员工的最基本要求,任何人只要违反,都必将受到处罚。"

任正非在知识产权方面建立了一层保护壁垒,能够即时遏制侵犯知识产权行为在华为发生,向侵犯华为知识产权说"不",实际上,华为这种高度重视知识产权的做法既提高了企业自身竞争能力,同时也是对自身利益的一种保护。

创业笔记

每个企业在市场竞争中都有一种能力——"专利能力",都有在企业创新发展和竞争过程中持有谨慎的态度保护自身专利的权力,靠自身专利技术的实力夺得在行业中的话语权。

第六章

创新方略——标新立异,永远不做大多数

第16课：创新助企业走向卓尔不群

当今社会竞争日益激烈，企业不是在市场中生存下去，就是在竞争中被毁灭，而如何在市场中更好地生存下去，是每一个企业都要思考的问题。企业要生存下去，必须要满足消费者的需求，而随着社会的不断进步，人们的消费观念在日益变换，因此，企业必须通过创新，紧跟时代的步伐，才能在市场竞争中走向卓尔不群。

不创新才是最大的风险

有创新就有风险，但绝不能因为有风险，就不敢创新。若不冒险，跟在别人后面，长期处于二流、三流，我们将无法与跨国公司竞争，也无法获得活下去的权利，若因循守旧，华为也不会取得这么快的发展速度。

"创新"一词近几年已经有被说烂的感觉，人人都在谈创新，但大

第六章 创新方略——标新立异，永远不做大多数

部分人或者企业对创新一词没有真正的了解和认识，也没有进行真正的创新，很多创新都是在前人的基础上加以模仿，认为通过模仿创造出来的产品就是创新。然而，这种"创新"与创新一词的本意相去甚远。当前，市场中的诸多产品被冠上"创新"之名，但真正的创新是需要投入大量的时间、金钱和人力，在这样巨大的消耗下，很多企业推出的产品很难是真正的创新产品。

虽然创新耗费巨大，但华为却投入了世界上最大的力量去进行创新。对于华为是否创新秉承这样的思想："如果不能扛起重大的社会责任，坚持创新，迟早会被颠覆。"然而，在任正非的正确引导下，华为正全力以赴不负大好时光，抓住机会进行创新。

在人力投入方面，华为目前的在职人员超过17万，有将近一半的人力资源用在了技术研发和创新上。此外，为了保证技术的领先优势，华为还在招揽人才时不惜牺牲一切代价，除了为人才提供与外资企业相比还高的薪资，还大手笔投入资金为新员工提供岗前培训。

在资金投入方面，华为有八万多研发人员，每年研发经费中，约20~30%用于研究和创新，70%用于产品开发。很早以前我们就将销售收入的10%以上用于研发经费，未来几年，每年的研发经费会逐步提升到100—200亿美元。截至2017年上半年，华为在近二三十年用于研发的资金累计将近3000亿元。

在时间投入方面，华为数二三十年如一日，从来没有间断过产品研发创新活动。

华为的创新体现在企业的方方面面、各个细节之中：

技术创新。 华为以通信起家，多年来除了做通信技术、做智能手

机，还在布局自己的人工智能帝国，如今，华为已经具备全球领先地位的技术领域有：芯片技术、高端服务器技术、高端存储技术、操作系统、高端核心路由器、大容量数据中心、光网络骨干网技术和光网络接下技术、铁路通信系统技术、石墨烯技术、太阳能光伏逆变器技术等；此外，华为的移动动心技术2G、3G、4G、5G技术也跻身世界先进行列。华为在技术方面的创新硕果累累，这都是华为多年来坚持技术创新的成果。

产品创新。在早期，不论西方企业还是华为，都是做代理商给运营商卖设备，然而华为却一改这种既有模式，从代理模式走上了如今的直销模式。"贴近客户"是华为产品创新的源头，华为的老员工经常口中讲到一个词——"守局"，这个"局"所指的是邮电局，即如今的运营商；如果设备出现问题，华为就会在第一时间集结研究人员、专家，十几个人经常围着一台设备转，进行检测和维护，在这种情况下，就逼出了华为的产品微创新。

以2016年11月上市的华为Mate 9来说。这款手机在智能手机领域进行了突破：首先，它加入了最新的UFS2.1存储技术，使得无论在游戏还是多种功能同时运行时，都可以实现极速响应。此外，它还获得央行和银联的双重安全认证，成功成为全球首款获得金融级安全认证的手机芯片，让支付更安全；还彻底解决了安卓手机用户长时间使用后出现的卡顿的困扰。这一系列的创新，使得华为Mate 9一度成为用户的挚爱。

华为的产品创新能够体现在每一处细节，以革新、延续、发展给用户带来了更加完美的产品和更加极致的使用体验。

管理创新。华为管理的创新也是华为的一项颠覆性创新。以往，对劳动者进行管理实现全球化、网络化，是管理领域的一格薄弱环节，而华为"工者有其股"的管理制度让华为的每个员工都能将华为看作是自己的家，成为华为的集体智慧贡献者。这种制度无疑是一种伟大的创举，既体现了创始领袖无私奉献的精神，也是对管理者把控能力的一种考验，从根本上解决了如何在分散的股权结构下实现企业持续生存、发展的中长期战略，并能满足不同阶层员工的不同利益诉求。任正非在管理上的创新使得整个华为内外部达到了一种利益平衡，这是一种企业管理的奇迹。

市场组织创新。任正非在市场组织方面的创新，推崇的是"一点两面三三"制。所谓"一点两面三三"制，按照任正非所讲，就是"在华尔街的城墙撕开口子，两翼的部队蜂拥而上，把这个口子从两边快速拉开，然后华尔街就是你的了"。"一点两面三三"制是一个很重要的源于军队组织的战略思想、战术原则，在华为的市场组织建设上是一种模仿式创新，对华为在市场上能够取得成功助益甚多。

决策体制创新。华为的岗位轮值无疑是在华为决策体制上进行的一次创新。管理干部岗位轮值，首先，让任正非从管理工作中解放出来，使得其成为了一个掌握"思想权"的领导者，专注于用充满智慧的思想领导企业朝着正确的方向前进。其次，很好的避免了干部"一朝天子一朝臣"的现象，制约了"山头文化"膨胀的问题，从原来的干部高度集权转变为如今的适度民主决策。

毫无疑问，华为是中国企业创新的成功典范，也是中国企业创新的一张亮丽名片。华为所做的一切创新都不是为了创新而去创新，而是一种伺机而动、有的放矢的创新力，是建立在以客户需求为中心、市场趋势为导向、紧贴技术市场化路线进行的创新。华为的创新是对自身的自我完善和超越，这样的创新力是华为能够在市场竞争中持续发展的基石。

创业笔记

这个世界上唯一不变的就是变化，适者才能得以生存。历史上很多创业者最终都变成了失败者，这些创业者之所以倒下，其实就是因为他们舍不得放弃既得利益，没有勇气"革"自己的"命"。企业要想在急速变化的市场中得以生存，就要不断创新。

没有理论的创新，就是"一地鸡毛"

创新能不能成大产业，没有理论突破，小改小革，就是一地"鸡毛"。

企业走在创新之路上是比较艰难的，但它却是企业唯一的生存之路，也是企业走向卓尔不群的基石，更是取得成功的必经之路。一些企业在创新的过程中会走弯路，有的曲线成功，也有的偏离成功轨道与成功创新无缘。

华为在进行创新的过程中也不可避免地走过弯路，吃过亏，华为的研发人员曾经为了追求片面的进步，在创新的过程中没有结合理论基础，并脱离了市场需求，使得生产出来的产品经过大幅度维修之后才能上市，极大地增加了创新成本；甚至有的产品根本买不到合适的配件，就此成为了一文不值的废品。

面对这样的创新局面，任正非为了端正研发人员的创新心态在2005年广东省委汇报的会上进行发言时讲到：

"我们公司以前也是盲目创新的公司，也是非常崇拜技术的公司，我们从来不管客户需求，研究出好东西就反复给客户介绍，客户说的话根本听不进去，所以在NGN交换机下一代上，曾犯了主观主义的严重错误。"

显然任正非认为没有理论和市场需求、技术等做指导的盲目创新是不可取的，一切"贴近客户"所获得的需求，才是实现创新的理论基础，否则，就会导致产品过剩，难以在市场中获得最佳的经济效益。任正非在企业产品创新方面为了减少不必要的经济损失，每年安排5%的研发人员走到市场中去，提升对市场需求的敏感度，这样华为就逐渐形成了一种以市场需求为导向的实用文化，所研发生产出来的产品更具实用性，更能受到市场的欢迎。此外，任正非还强调，任何形式的基于理论基础的创新都要有耐心，不能急于求成、拔苗助长。过于急功近利，会让华为丧失许多机会。

的确，创新技术化、技术市场化才是实现真正创新的最好方法。随着时间的推移，技术更新换代日益迅速，对于研发人员来讲，能够贴近市场、融入先进技术的创新，才能真正引领行业走在市场的最前端；如果一个技术不能转化为产品，也只能是研发人员自娱自乐的"玩物"；如果即使转化为产品，也不能给广大用户提供实实在在的实用性，不能解决需求难题，那么这样的产品也无异于对时间、资金、人力的一种浪费、无异于"一地鸡毛"。

创业笔记

　　企业发展离不开创新，然而这并不意味着急于求成的盲目创新就能让企业快速成长，缩短与竞争者之间的差距，相反这会给企业带来巨大的损失，将企业推向离成功更远的境地。一个企业的创新只有贴近市场，获得更大的产值和更快的成长。

第17课：绝大多数的创新是融合与激发活力

创新是企业发展必不可少的环节，创业的本质就是创新。企业创新可以是新的技术和新的解决方案，可以是差异化的解决办法，也可以是更好的措施。然而，创新的实现方式却是多样化的，可以是自主创新，也可以是对老产品的改善，还可以是"拿来主义"，甚至是可以花钱买技术并将其进行优化。事实上，绝大多数的创新都是融合与激发活力。

创新也要"拿来主义"

这边掺进一个美国砖，那边再用一个欧洲砖、一个日本砖，万里长城，不管砖是谁的，能打胜仗就行了，不要什么砖都自己造。

20世纪30年代，鲁迅写过一篇题为《拿来主义》的著名文章，其中对"拿来主义"有十分精辟的解释："我们要运用脑髓，放出眼光，自己拿来！我们要或使用、或存放、或毁灭……没有拿来的，人不能自成为新人，没有拿来的，文艺不能自成为新文艺。"

鲁迅的话言外之意是："拿来主义"是最好的创新手段，自主创新其实与"拿来主义"并不矛盾。"拿来主义"基础上实现的自主创新，不仅适用于文艺，更适合与企业。

华为最为外界称道的一是市场攻伐，二是技术研发，华为能在2003年逼得思科撤回诉讼，凭借的就是华为过硬的技术实力和研发能力。任正非认为公司运转是依靠两个轮子，一个轮子是商业模式，一个轮子是技术创新。而华为在技术创新上是目前中国投入最多的公司。

华为除了建立中央研发平台之外，还专门在2012年组建了诺亚方舟实验室从事最基础的技术研发，特别是利用数理逻辑在技术突破上下了很多功夫。此外，华为还拥有自己的芯片公司——华为海思，通过在底层对芯片加大研发力度，为未来构建华为最核心的竞争力打下了良好的基础。

用任正非的说法，华为的战略就是进行"强攻"——为了加强芯片的研发，华为每年给海思拨款4亿美元并投入2万人，全部用于芯片的研发工作，华为在芯片研发上如此大手笔是因为华为希望能够因此而实现华为能"站起来，减少对美国的依赖"的目标。

任正非强调在华为公司的创新问题上，一定要强调价值理论，不是为了创新而创新，一定是为了创造价值。但在如何平衡自主创新和"拿来主义"的问题上，任正非拿捏得非常好。

华为一路走来，其技术实力和研发能力的提升就是一种借助"拿来主义"进行的创新。华为虽然在二十多年前就设计了一个宏大的梦想，

第六章 创新方略——标新立异，永远不做大多数

叫"二十年后世界电信市场三分天下华为有其一"，但华为在实现这一梦想的过程中却因为自身资源匮乏无法快速实现技术进步和突破。然而，能够解决这一问题的就只有"开放"二字，正如任正非所认为的：华为在创新的过程中强调只做优势的部分，别的部分应当更多地加强开放与合作，只有这样才能构建真正的战略力量。因此，以华为的芯片研发为例，华为虽然有自己的芯片公司，但每年都要向美国高通、德州仪器等西方芯片商采购高达数十亿美元的芯片技术和产品。

当很多人都在为华为的自主创新而赞叹不已的时候，任正非却认为：

"自主创新本来就存在一个误区，很容易为了'自主'而建立一个封闭的系统，很容易固步自封。"

任正非的观点是显而易见的，在他看来，闭门造车不利于创新，要用开放的心态，建立一个向全世界开放的系统，而且需要通过互联网获得巨大的能力，帮助华为进行创新，而不是自力更生地进行创新。所以，华为将自己的思维完全开放，通过"拿来主义"，借助传承和学习西方同行的价值创新技术和原理进行研发和创新。

华为这种"拿来主义"的创新很多是通过专利互换、支付专利费实现的，但是不管是"换来的"还是"买来的"，华为都可以"拿来"国外的先进技术为己所用，进行创新，这就叫作"站在巨人的肩膀上前行"。先进的技术可以帮助企业缩短产权的研发周期，将推出的产品迅速占领市场，而且可能比想方设法绕开别人的专利所用的成本还要低，这样是可以帮助企业开拓思维，更重要的是可以提高企业效益。

华为在研发方面，从来不强调一切从头开始，而是向西方的同行学习。任正非强调创新也要"拿来主义"，是对自主创新和"拿来主义"的一种最好的平衡，这不仅体现了任正非的一种智慧，更是一种高超的战术。这种创新理念使得华为尽管处在当前竞争异常激烈的时代，却已经成为了业内当之无愧的领跑者。

创业笔记

企业的竞争力不仅依赖于成本优势，更依赖于技术优势。企业提高其技术创新能力是赢得市场竞争优势的法宝。创业者在创新创业的过程中，要充分发挥自己的主观能动性，大胆采用"拿来主义"进行改良和创新，以提高企业技术创新能力和市场竞争力。

变革要主张进行"滴水石穿"式的改良

在管理上，我不是一个激进主义者，而是一个改良主义者，主张不断地管理进步，一小步一小步地改进、一小步一小步地进步。任何事情不要等到问题成堆才去做"英雄弹指一挥间"的"力挽巨澜"，而是要不断地疏导。即使别人误认为你没有抓管理的能力，也不能为了个人名声而去"大刀阔斧"。

市场竞争日益激烈的环境下，企业管理和制度如果一成不变是很难适应新形势下的发展趋势的；对企业管理和制度进行改革和创新，是企业迫在眉睫的问题。

华为就是一个能够时刻顺应时代潮流进行改革和创新的企业，从而保证了它能在市场大浪淘沙的情况下依然屹立不倒。任正非强调他从来都不是一个激进主义者，而是改良主义者。然而在提倡改良的过程中，任正非也有自己的想法和主张，他并不是完全否认之前的管理方式和制度形式，去"另搞一套"，而是强调要像滴水石穿一样的，"在全面继承的基础上不断优化"。在任正非看来，从事管理创新、制度创新也好，从事产品创新也罢，在现有的基础上进行逐渐改进不一定不是创新，同样可以逐步提升企业的管理水平和能力，提高企业的发展速度。

任正非不建议大刀阔斧的变革，要求改良要按照事物变化的规律进行，不能急于求成，过于急功近利，产生适得其反的效果，会让华为内部产生动荡，不利于员工安心工作，更不利于华为的长远发展。

任正非在2009年年初公司的一次内部讲话《深淘滩，低作堰》中谈到：

"我们不要忌讳我们的病灶，要敢于改革一切不适应及时、准确、优质、低成本实现端到端服务的东西。公司的运作虽然这些年相对于最初的粗放运作有了较大的进步，但面对未来市场发展趋缓要更多地从管理进步中要效益。我们从来就不主张较大幅度的变革，而主张不断地改良，我们现在仍然要耐得住性子，谋定而后动。"

所以，华为在对一切进行变革的过程中，都是循序渐进。

管理变革。华为在管理的变革上先有1996年"大辞职运动"，虽然任正非将市场中的大部分管理干部"大换血",但并没有激起员工的不满和愤怒,因为他们全部被"清零"后又参与竞争上岗,既保证了员工在华为的工作,又给足了员工面子,更重要的是在很大程度上提升了华为管理干部的管理能力;后有2007年底的鼓励7000名员工"集体辞职运动":但凡在华为工作满八年的员工,都要提交一份辞职申请,然后再重新竞争上岗,重新和公司签订劳动合同。

两次管理变革在循序渐进中进行,不但将对员工利益的损害降到最低,还为华为的管理层注入了新鲜的活力,这就是华为的管理变革之道。

制度变革。华为在制度的变革上,经历了三个薪酬发展阶段:

第一阶段,实行非物资的薪酬策略。在华为创业初期的前八年,由于各种资源匮乏,华为采用非物资薪酬策略,这是与华为当时状况相适应的一种薪酬机制。在这个阶段,华为员工不论年龄、资质,只要为华为做出贡献,即便是刚经公司的毕业生,也可以担任十几个人组建团队的负责人。据说,华为高级工程师年纪最小的仅有19岁,另一名员工仅在加入华为一周后就因为巨大的贡献破格提升为高级工程师。

第二阶段,实行领先市场的薪酬策略。随着华为的高速发展,企业资源逐渐充盈,领先市场的薪酬策略开始在华为实行。当时华为每年新进员工数量不少于3000人,为了保证高质量人才能够即时到岗和留用,华为的薪酬策略从最初的"非物资"转变为"高薪酬、高压力、补助、加班费"的模式:即使应届毕业生,进入华为的起薪也比一般社会企业的薪资高出了20%左右。

第三阶段,实行获得分享制的薪酬策略。从2005年开始至今,华为业务已经踏入海外市场，公司对人才需求量加大，华为采取获得分享制的薪酬策略，目的就是根据员工只能进行工资分配，奖金、医疗保险、退休金与个人、团队的绩效直接挂钩。

华为制度实行阶段性变革，使得员工薪酬和业务战略逐渐相匹配，从而达到最优化。

产品与技术变革。华为在产品变革的过程中先采取"拿来主义"，引进国外先进技术和理念，然后再结合自身条件将引进的东西加以融合和改良，并为自己的产品研发所用，之后再对产品进行优化，这也是一种"滴水石穿"式的改良。

华为主张在生产系统中走改良的道路。在实现产品智能化的过程中，任正非认为："如果走得太高、太快，可能就慢慢地做虚了，做空了，最后做死了。智能化在生产系统中是个使能器，别太夸大了，别潮流化。我相信你们有进步，但不要把成长的目标拉得太快太紧，要用逐步改良的方法。"

体系变革。华为的体系变革首先是从研发开始的，因为研发是当时华为的最薄弱环节，华为在技术上薄弱，在产品上短缺，这是华为最需要变革的部分。研发部门相对简单、人员相对好管理，所以将研发作为切入点；当研发变革结束之后，就是对供应链、人力资源、财务体系的变革，最后才开始触及市场体系变革。市场体系的变革如果没做好，将会影响到整个公司业务的发展，影响到华为在市场中的作战机会，因为华为的市场团队作战能力一直能够超越竞争对手，所以当华为整个公司的多数变革都基本完成之后，才转向对市场体系的变革。可见，华为的体系变革也走的是渐进变革的道路。

说到底，企业进行任何改革创新，都是为了能够更好地存活和发展下去，所以，企业改革要以如何才能更加有利于企业发展和存活为前提进行。任正非所推崇的"变革主张改良主义，不建议大刀阔斧"，是对企业点滴进行逐步修正，从而保证企业能够逐渐适应未来的长期发展。

创业笔记

企业改革和创新的过程中不能忽略市场中存在的不稳定因素，一定要有预测性，在合理的速度和比例下进行。

优化老产品也是一种创新

从事新产品开发不一定是创新，在老产品上不断改进不一定不是创新。

作为一个企业，无论大小，都会在发展过程中或多或少遇到一些危机，面对这些危机，企业唯一的解决方法就是通过变革与创新获得生存机会。华为就是在长期不断的变革与创新中进行"换血"与"输血"，才使其能够有活力在市场竞争中长存。

实际上，变革与创新的目的就是为了让新技术、新产品、新工艺都围绕公司生存进行，以实现核心竞争力的提升、客户价值的创造以及最终的商业成功，一切偏离了这三个目的的变革与创新都是对企业资源的一种巨大浪费，正如任正非所认为的：

第六章 创新方略——标新立异，永远不做大多数

在产品创新上，要消除'新就是好'"超前就好"的偏见，反对全盘否定和盲目创新。

任正非一贯将改良、继承和发展这三者作为其思想和主张，认为企业发展要遵循自然法则，进步永远不是全部更新，也永远不是全盘否定、完全废除。产品的创新一定要一方面保护既有体系，改善原有的东西；另一方面着眼于未来；这样才能在原有的基础上有所突破，有所进步，才是一种真正意义上的创新。可见，任正非的这种观点中既包含了一种"改善"，又包含了一种"扬弃"——有继承有发展。

有一次，任正非到美国的贝尔实验室进行交流时，对方向任正非问道："华为为什么能成功？"任正非的回答是："因为华为理解了中国客户的需求。"

任正非作为一个土生土长的中国人，天生就传承了中国节俭的美德，所以在华为的技术与产品创新问题上也依旧秉承节俭的观点。在早期，西方较先进交换机设备都在网上运行，当这些设备涌进中国时，华为的设备渐渐显得落后很多，面对这种情况，华为要想扳回一局，就只能进行创新。但是，华为并没有将所有的设备进行销毁进行再创新，而是在继承的基础上进行再创新，因为任正非认为，中国人一向注重节俭，相比于花重金重新购买一个设备，绝大多数客户更喜欢在原有设备上进行功能改善，这样可以降低不少开销。

在全球IT泡沫期来临的时候，全球的主要通信设备制造厂商都放弃了现有交换设备机，而是将目光转向新一代NGN交换机的研发工作上，然而华为却依旧坚定不动摇的对传统交换机投入时间、人力、资金进行

研究。任正非在一位广东电信高层客户的建议下，采用叠加网的思路，是华为对已有交换机进行改造，设计了商业网方案。

令人高兴的是，在全球IT泡沫期过后，全球都开始回归理性，不再对新技术进行盲目地追求，不希望将旧设备舍弃全部换新，而是更多地考虑在原有网络基础上进行产品优化，以降低建设成本，这样，华为从一个不起眼的新兴企业受到了全球客户的关注，一举成为传统交换机销量的世界第一。

接下来的两年里，西方公司开始迷茫了，他们不知道未来应该朝什么方向前进，再加上其财务状况不太好，开始出现了大量裁员潮。任正非此时却瞄准了下一代交换机NGN，并坚信未来两年NGN必将取代传统交换机，于是华为在NGN上大规模投入，并在西方原有的NGN上进行优化和改良，结果华为的NGN完全超越了希望公司，销量又一次在全球范围内名列前茅。

所谓眼界有多宽，事业就有多大，华为每次都能在竞争的激流中一跃冲天，就是因为在真正了解了客户需求的基础上将老产品的优化作为产品的又一次创新，这种有继承有发展的创新让华为在全球市场中赚得盆满钵满。

任正非告诉大家，企业进行创新就意味着要冒风险，不可低估随意创新的代价与危害，盲目在新领域开发新产品不一定就能成功；要学会站在"巨人的肩膀上"，在吸收前人成果的基础上去对产品进行突破，这样可以少走弯路，更快地获得成功，减少失败。所以，对既有产品进行优化也不失为一种创新策略，不要刻意为创新而创新，不要为标新立异而创新。

创业笔记

企业的产品创新并不需要领先市场太快,只要比对手领先半步即可;任何产品创新如果离开了前人的成果,就成了"无源之水""无本之木"。

第18课：创新是一场没有终点的长跑

创新对于企业来讲，是一个永恒的话题，是一场没有终点的长跑；在这场长跑中，企业唯有保持执着的干劲、求新的品质、永恒的初心、共享的思想、宽容的心态、坐得住"冷板凳"的决心，才能成功摘取创新果实。

与世界共享创新机遇

华为过去是一个封闭的人才金字塔结构，我们已炸开金字塔尖，开放地吸取"宇宙"能量。加强与全世界科学家的对话与合作，支持同方向科学家的研究，积极地参加各种国际产业与标准组织，各种学术讨论，多与能人"喝咖啡"，从思想的火花中感知发展方向。有了巨大势能的积累、释放，才能有厚积薄发。

相信对于绝大多数企业来讲，能够通过创新快速"抢占山头"是一个企业最幸运的事情；与自己的竞争对手在市场中分得一杯羹，是"打死"都不愿意做的事情；然而华为却不以为然。

任正非认为：

从科技的角度来看，未来二三十年人类社会将演变成一个智能社会，其深度和广度是人们所想象不到的。但前途越是具有不确定性，就越需要进行创造和创新，而这也为当下千万家企业提供了千载难逢的机会。

所以，任正非的理念是与世界共享创新机遇。在实现"与世界共享创新机遇"时，任正非是这样让全球企业牢牢抓住这个千载难逢的机会的：

以土地换和平技术路线。这里的"土地"实际上就是指专利互换、支付专利费，华为每年向美国高通、德州仪器等业界公司支付3亿美元左右的专利许可费，以获得这些公司专利技术的合法使用权。用任正非的一个比喻来讲，就是："千军万马攻下山头，到达山顶时，发现山腰、山脚全被西方公司的基础专利包围了，怎么办？唯有留下买路钱——交专利费，或者依靠自身的专利储备进行专利互换。"实际上，华为无论是专利互换还是支付专利费，都体现出一种开放、共享的创新精神，"有钱大家赚"才是任正非的创新理念。

与竞争对手、客户共建创新机构。在过去，华为与很多西方国家的竞争对手建立过合作研发组织，如与德州仪器、摩托罗拉、IBM、英特尔、朗讯等共同成立联合实验室；与西门子、3Com、赛门铁克等西方公司共同成立合资企业等。任正非一直都认为，给竞争对手留余地也是在给自己留条退路，否则，虽然自己独占山头，但一个人却很难撑起整座山，无法在创新机遇到来的时候将创新这块"蛋糕"做得更大，对于自己而言也是一种损失。

不仅如此，华为还与全球诸多大客户，包括沃达丰等运营商建立了28个联合创新中心。华为的这一重大创举引来了华为的竞争对手们也争相效仿，但由于成本等原因，却很少有能够模仿成功的。正是因为华为的这种与世界共享创新机遇的胆识和魄力，使得华为能够在巨大的通信领域中谋求长远的发展，同时赢得了无数先机和众多突破。

让便捷的沟通与生活触及全球每个角落。华为最大的愿景就是通过创新战略丰富全人类的沟通和生活，而华为的创新战略是利用全世界的智慧为华为服务。仅在2016年年底，华为就在全球拥有26个能力中心，且大部分位于欧洲，包括比利时、芬兰、法国、德国、爱尔兰、意大利、瑞典、英国，并且在欧洲和已知的200多位科学家、150家科研机构进行了合作，赞助了超过80多个研究项目，投资7500欧元在100所大学开展学术研究。华为与世界共享创新机遇所触及的范围延伸至世界各个角落，华为的这种认知高度并不是任何一个企业都能达到的。

华为这种与世界共享创新机遇的做法是非常有效的，实现了全球共赢的大好局面，在任正非看来，一个企业的创新，可以使市场发展前进一小步；如果所有企业都能抓住市场机遇进行创新，那么推动的则是整个市场向前迈进了一大步。任正非不是一个自私的人，他这种与世界共享创新机遇的观点体现的是一种大智慧，同时也表明任正非是一个有战略高度的企业家，而不是一个野心勃勃的"吃独食"者。

一块"蛋糕"自己做，能力有限，不会做出太大的创意；但如果与其他人联手共同做，则做出的"蛋糕"是基于众人的创新能力和智慧之上，是一种叠加而成的创新，这与个人创意相比自然更受市场欢迎。企业进行创新，也应当与世界共享创新机遇，这样市场才能越做越大，而企业所分得的利润自然也就会越多。

先做追随者，后做领跑者

华为正在本行业逐步攻入无人区，处在无人领航、无既定规则、无人跟随的困境，华为跟着人跑的"机会主义"高速度会逐步慢下来，创立引导理论的责任已经到来。

创新无疑是企业提升竞争力的法宝，但同时也是一个充满了风险和挑战的成长之路，很多企业最初都是从追随者做起的，之后在厚积薄发中缩小行业差距，一举成为行业的领跑者。华为就是这样一个先做追随者，后做领跑者的企业。

在2016年5月30日召开的全国科技创新大会上，任正非做过一个著名的讲话，其中有一段话引来业界无数企业的关注，他讲到：

"随着逐步逼近香农定理、摩尔定律的极限,而对大流量、低时延的理论还未创造出来,华为已感到前途茫茫、找不到方向。华为已前进在迷航中。重大创新是无人区的生存法则,没有理论突破,没有技术突破,没有大量的技术积累,是不可能产生爆发性创新的。"

任正非用"迷茫"两个字来描述华为未来的创新路。在绝大多数人眼中,华为已经是中国最出色的、最成功的企业,任正非也已是中国企业家群体中的顶尖精英,为何却用"迷茫"两个字描述华为未来的创新之路?事实上,任正非敢于说出"迷茫"两个字,反倒证明他是非常清醒的——因为往往只有那些走在所有人前面的人,才可能会感觉迷茫;领跑者往往不知道前面的路该如何走,而追随者却跟着领跑者的方向前行。华为已经过了追赶欧美的阶段,它在很多技术层面已达到或者领先世界水平,所以在华为的前方已经没有可以追赶的身影,这就像在长跑中华为已经是领跑者,而非追随者。可见,任正非说华为"迷茫"是一种谦辞,同时也表明,华为已经从完成了从最初的追随者到如今领跑者的角色转换。

华为一直以来对技术研发和创新的投资都是具有长远战略眼光的。华为作为通信行业中的一员,早期把紧紧跟随领先者作为一大战略,积极学习西方领先者的技术、策略等,如端到端的研发流程变革就是由IBM主导的,是华为从IBM学习而来的;还有供应链变革、人力资源变革、财务体系变革、市场体系变革等,华为都花巨资聘请了美国、英国、日本、德国等国家的顶尖咨询公司,先后就有十几家咨询公司在华为做过不同的管理咨询，使得华为的管理创新、组织创新以及整个组织管理能力的提升都有了巨大的进步，从而奠定了华为成为一家全球化公司的根基。

在过去的30年里，华为一直扮演着"追随者"的角色，如今，华为给自己定义的身份是"谦虚的领导者"，正如之前一家通信制造商的高管在一个非正式场合所讲："过去20多年，全球通信行业的最大事件是华为的意外崛起，华为以价格和技术的破坏性创新彻底颠覆了通信产业的传统格局，从而让世界绝大多数普通人都能享受到低价优质的信息服务。"抛开华为如今在市场中所占的份额不说，从这位高管的讲话中就能体会到华为已经在通信行业中从追随者崛起，一步步占据了领导者地位。

华为能一步步走来，从一个追随者变成全球领先者，这种发展与壮大是很多企业仰视久已却难以企及的，但不管是领先者还是追随者，华为都给每一个创业者巨大的启发：企业的任何创新活动都需要保持旺盛和持久的创造力，要打破各种瓶颈，再造一个新世界；要不断进行理论突破、思维突破、技术突破；要另辟蹊径，把各种在别人眼中的不可能变为可能。

创业笔记

企业创新，最怕的就是固步自封，停滞不前。谁能在一次次大机会、大变革中拥抱变化，奋发作为，谁就能鱼跃龙门，成为真正的领先者、领导者。

鼓励创新就要接纳创新失败

科研本来就是试错的过程，没有试错那会有创新？创新本来就是不容易的事情，如果每次创新都会成功，那也就不是创新了。

从企业生命持续生存的角度来看，创新之于企业犹如企业的营养液，当企业极度缺少创新的营养去滋润的时候，企业的生命力就会逐渐减弱，不但自身会慢慢老化，而且会被市场竞争所淘汰。这就是业界常说的"不创新，慢慢死"。

从企业创造价值的角度来看，为确保可以持续地进行价值创造，唯有大胆创新才是一条最好的出路。但是，创新的过程中，失败往往不期而遇，如果每次遇到失败都就此放弃，那么还何谈创新？所以，企业要持有一种宽容的态度，在多次尝试之后，才能最终在坚守创新的路上生生不息。

华为是一家容错率很高的企业——放手让员工去做，在研究上允许员工犯错，让员工有充足的时间和空间安心去进行创新。华为的这种鼓励创新并且接纳创新失败的态度是很少有企业能做到的。任正非对于创新给出的定义是这样的：

所谓允许创新，还要提倡功过相抵，允许犯错误，允许在资源配置上有一定的灵活性，给其创新空间。不允许功过相抵，就没有人敢犯错误，就没有人敢去冒险，创新就成了一句空话。

第六章 创新方略——标新立异，永远不做大多数

任正非认为，大多数情况下，一个新的研究项目进行一次创新尝试是很难成功的，但华为不会因噎废食，就此放弃，那些项目研究人员在经历过失败之后，不但能尝到失败的滋味，更重要的是，他们通过自己之前亲身的努力、奋斗之后，可以对失败进行更好地总结，这样就可以避免不会在同样的问题上犯两次错误。

任正非本人是非常鼓励创新的，但也非常乐观地接纳创新失败，因为他觉得，如果一旦失败或者犯错，就被淘汰或者贴上失败的标签，就不会有人敢去创新，所以，华为会包容创新上的失败，不会因为失败而否定每一个人。

华为的一位高管这样说道："在华为，所有'坐在第一排的人'都犯过无数错误，领导力、创新力都是用钱砸出来的。"想当初，华为的芯片研发部门曾以非常确定的口吻表示"一次投片成功"，但任正非却说："一次投片成功的说法是反动的，这个世界上没有神仙。"在任正非看来，只有多次失败后的创新，才可以成为真正成功的创新。要知道，每投片一次的成本大约在几百万美金，华为能够允许这样的错误尝试，敢于鼓励勇于犯错的实验精神，是很多企业多没有的。

华为的这种允许试错、鼓励试错，对错误包容的态度，是华为能够不断强大的核心特质。如今，华为成为全球范围鲜有成功的企业，在很大程度上是因为任正非对创新失败的包容、试错态度，所以才构筑了华为在全球的软实力。华为的世界级创新实力是构筑在华为无数的学费之上的，二三十年间，将近3000亿元投资用于创新研发工作在数不清的教训的基础上为华为创新成功积累了宝贵的经验。

创业笔记

　　创业者要创新，就必须鼓励失败、容忍失败。这个世界需要更多的真正接纳或鼓励创新的土壤，而不是只鼓励成功。失败不要紧，关键是公司上下能共同分享经验，从中学到知识和教训，避免再次犯错。

第七章

企业文化——创建有灵魂的企业才能生生不息

第19课：企业文化是永不枯竭的资源

"三流企业靠生产，二流企业靠营销，一流企业靠文化。"资源会枯竭，唯有文化将生生不息。对于一个企业而言，文化其实就是永不枯竭的资源和生产力，企业文化的影响力甚至决定着企业的发展力，将企业文化传承下去，企业将会获得源源不断的成长动力。

唯有文化才能生生不息

华为公司认为资源是会枯竭的，唯有文化才会生生不息。这里的"文化"不是娱乐活动，而是一种生产关系，不仅包含了知识、技术、管理、情操……也包含了一切促进生产力发展的无形因素。我们公司一无所有，只有靠知识、技术，靠管理——在人的头脑中挖掘出财富。

对于任何一个企业来讲，企业文化是其"灵魂"，是企业经营活动的"指挥者"，是企业行动的"指南针"；一个没有特色文化的企业，犹如没有"灵魂"的行尸走肉，四处跌跌撞撞，不知道该向何方前行；所以一个成功的企业，必定有属于自己的特色文化。

对于每一个进入华为的新员工，任正非都希望能够让他们快速认识到华为的重要性，在《致新员工书》（1994年12月25日）中任正非讲到：

"对于一个新员工来说，要融入华为文化需要一个艰苦过程，每一位员工都要积极主动、脚踏实地地在做事的过程中不断地去领悟华为文化的核心价值，从而认同直至消化、接纳华为的价值观，使自己成为既认同华为文化又能创造价值的华为人；只有每一批新员工都能尽早地接纳和弘扬华为的文化，才能使华为文化生生不息。"

任正非提到的"新员工接纳和弘扬华为文化"并不只是说说而已，而是在具体的制度中让华为文化落地，将华为文化融入每位员工当中，因为任正非明白自己一个人的力量是有限的，影响力也是有半径曲线的，而制度却是没有边界的，一个制度可以管几个人、几百人，也可以管成千上万人，所以，华为的文化建设落地依靠的就是制度。在早期，华为文化的落地是依靠任正非和其他关键人物；而后期企业规模越来越大，员工数量越来越多的时候，华为文化的落地就依靠制度推动了华为文化的生生不息。

思想治理推进文化建设。企业文化实际上都是为企业治理服务的，任何文化都是在治理的目的上成型的，同时也是在思想层次上对员工进行治理。企业文化的发展必然是遵从治理者的思想脉络而生生不息。治理者的治理思想通过文化的形式，在企业内部与下属员工进行沟通和交流，从而产生凝聚力和向心力，使得企业文化在企业上下能够传承。

正所谓"上行下效"，领导的领头作用是至关重要的，所以，管理者的一言一行都关乎整个企业发展的走向。任正非为代表的管理者，对华为文化忠诚、信仰，用狼性文化，实现以奋斗者为本、以客户为中心、长期艰苦奋斗的原则，并将这一思想延伸到每一个华为人。

建立企业基本法让文化普及。为了让文化落地更加清楚，华为专门制定了《华为基本法》，这样每一个华为人应当向往什么、追求什么、主张什么、反对什么都非常明确地表现了出来，用一个方针指引华为的发展方向。《华为基本法》使得华为文化走向成熟，并得以不断延续。

日常贡献值考核让文化落到实处。华为的文化不是弘扬出来的，也不是培训出来的，而是考核出来的——通过考核这个制度使每个人都能真正认同华为文化；在考核的过程中，不论干部还是普通员工都一视同仁。考核是将企业文化建设融入到华为的日常治理活动当中，将企业文化凝聚在具体的企业产品质量、信誉、品牌形象和市场竞争当中，通过对员工的日常工作所产生的贡献价值大小作为依据；之后，考核结果与退休金、职位晋升、工资加薪直接挂钩；这样就使得每个人都非常自觉的行动起来，对华为文化认同并遵从。

华为用制度培养优秀的企业文化，而不是仅仅凭借道德和说教来培养文化，制度的力量让华为文化生生不息，让华为能够有足够的信心和力量屹立于世界之林。

创业笔记

企业若没有自己内在的文化，既无法形成从底层员工到领导层的向心力，亦无法在社会竞争中占领一席之地。企业文化好比一个人的灵魂，是推动企业长期稳定发展的不竭动力，所以，企业一定要做好文化的落地工作。

诚信是企业竞争的最大财富

诚信是企业的立身之本，是企业的核心竞争力，是企业最宝贵的无形资产。这个无形资产会给企业带来源源不断的财富。

孔子在《论语》说："人无信不立。"讲求诚信，历来是我国的传统美德；在企业经营中，"诚信"二字也是企业道德经营的必备内容。企业的价值观中融入"诚信"，是其能够在市场中立足的先决条件。

无诚信则无企业，企业的发展和壮大以及在市场竞争中取得的地位都与"诚信"有着密不可分的关系。在华为，任正非认为：

诚信的本质在于责任，一个有使命感、责任心的员工，是不会否认诚信文化的。华为十几年来铸就的成就只有两个字——诚信。对客户的诚信，对社会、对政府的诚信，对员工的诚信。诚信文化是公司最重要的无形资产。尽管公司不断有人（包括极个别高级干部）背离诚信，做出一些令人痛心的事情，但公司员工的绝大多数是相信这一文化的。这种诚信文化创造的价值是取之不尽、用之不竭的。公司要建立员工的诚信档案，为选拔培养更多的优秀干部打下一些基础。

在任正非看来，企业管理者与员工、企业与客户之间要有信任基础，如果不存在信任，彼此之间相互猜忌，企业是很难在市场竞争中茁壮成长的。

企业对员工恪守诚信。 任正非对美国西点军校的教育模式和管理模式大加赞赏，他在华为的管理中，希望每位华为人能够以美国军官的管理准则行事："第一，我们绝不说谎；第二，我们绝不欺骗；第三，我们绝不偷窃；第四，也绝不允许我们当中任何人这样做。"这是华为所提出的"小胜靠智，大胜靠德"的精神内涵之一。首先华为的管理者要身先士卒，不能欺瞒员工，否则会让员工不能信服，不能全心全意为企业尽职尽责。

在华为，有一项规定是专门鼓励每位员工能够讲真话，并对那些讲真话的员工给予特别激励。2017年9月4日，华为总裁办发出了一份电子邮件，邮件内容是："我们要鼓励员工及各级干部讲真话，真话有正确的、不正确的，各级组织采纳不采纳，并没什么问题，而是风气要改变。真话有利于改进管理，假话只有使管理变得复杂、成本更高。因此，公司决定对梁山广，工号00379880，晋升两级，到16A。即日生效。并不影响其正常考核与晋升，根据其自愿选择工作岗位及地点，可以去上研所工作，由邓泰华保护不受打击报复。"华为的这一举动，既有利于华为管理上的改进，又能让更多的员工大胆真诚敢说实话，更能体现出华为的信守承诺。

企业对客户恪守诚信。 2016年2月23日，任正非在西班牙巴塞罗那答记者问现场，当记者问及任正非能否对当前正像当年华为一样走在起家路上的中小企业给予相关的创业建议时，任正非给出了这样的答案，他认为华为之所以能有今天的业绩，只有一条——就是诚信，没有其他。就是对待客户要宗教般的虔诚，就是把豆腐要好好磨，终有一天会得到大家的认同。盯着客户，只要诚信，终有一天客户会认同并理解你的。

的确，诚实守信是华为人坚守的商业法则，对于华为人来讲，任何一次合作、任何一次交易都应当本着诚信的原则，不能互相欺瞒。

2015年5月，华为荣耀有一批手机在运输途中发生罕见的货柜车轮胎起火事件，导致这批手机受到高温影响，虽然经检测98%以上的手机都是外观完好、功能满足出货标准，但华为任然决定将这批价值2200万元的手机全部销毁。2016年，华为为了解决一个在跌落环境下致损概率为三千分之一的手机摄像头质量缺陷，调集了30多个可靠性专家做了一个月的实验，用了20多种测试方案，不惜投入数百万元不断测试，最终找出问题并予以解决；为了解决某款热销手机在生产中的一个非常小的缺陷，华为曾关停生产线重新整改。华为绝不允许有一丝瑕疵的产品卖给客户。

华为对客户恪守诚信、认真负责的态度，使得华为的产品质量放到了战略高度，体现了品牌诚信之本，更成为了广大用户和客户选择华为的理由。

任正非用"诚信"激起了员工全心全意工作的积极性和热情，更是用"诚信"赢得广大用户和客户对华为产品的"忠诚"，这两方面铸就了华为的强大竞争力，所以，诚信是企业竞争最可靠、最可信的、难能可贵的财富。那些缺乏诚信而得不到员工的尊敬，得不到客户认可的企业，最终会在市场竞争浪潮中被淘汰出局；坚守诚信的企业定能练就一身以弱胜强的竞争本领，在国际化市场竞争中走在最前列。

创业笔记

诚信是一个非常难能可贵的东西，拥有诚信的企业必定能够在市场竞争中树立起自己的金字招牌，被亿万客户认可。

坚持自我批判才能长盛不衰

只有不断地自我批评，才能使我们尽快成熟起来。我们不是为了批判而批判，不是为全面否定而批判，而是为了优化和建设而批判，总的目标就是要导向公司整体核心竞争力的提升。

一个企业，一个组织，如果总是背负成功与辉煌的包袱，那么这个企业就离"死亡"不再遥远了。华为是一个从来不谈历史的企业，因为华为是一个将自我批判放在十分重要地位的企业。

华为虽然经历了30年的风雨，至今依然能保持强势的发展劲头并成为国际级企业，这是和任正非所秉承的思想和独具一格的企业文化分不开的。任正非是一个敢于自我批判的人，他曾经在《从必然王国走向自由王国》中指出：

一个企业长治久安的基础正是其核心价值观被其接班人所接受,而且接班人必须具有自我批判能力。只要努力地去实践我们所确定的核心价值观,只要实事求是地去批判自己、优化自己,我们的公司必将长盛不衰。

在华为,任正非多次开展轰轰烈烈的自我批判,并且培养了一种自我批判的文化氛围。

领导者的自我批判。任正非认为一个优秀的管理者必须要甩掉好面子的思想,随时欢迎外界对自己提出的各种批评,并能虚心接受这些批评,以此来对自身进行修复,重塑自我。领导者具有自我批判能力,实际上是一种自我领导、自我管理的自制能力和内在控制力,拥有这种能力,可以让领导干部不断升华和成长。任正非强调:凡事不能自我批判的干部,原则上不能提拔;只有通过自我批判,使干部思想洗刷,心胸开阔了将来才能够经得起别人批评,成就大事业。

任正非本人作为华为领袖更是放低姿态,做好表率,经常进行自我批判。一次在总裁办公会议上(华为最高级别会议),任正非做了检讨,并将检讨打印出来分发给大家,内容是说在他不知晓的情况下,他的儿子任平参股了一个华为的运输承运商,有40%的收入来自为华为的员工提供上下班服务。但后来他发现华为的车队为争夺资源,竟然争相给公司的车辆监管及采购环节施加压力,甚至给个别基层主管送红包,任正非询问儿子,儿子说没敢收红包,但任正非对此事还是很生气。他认为腐败现象已经悄悄在身边滋生和蔓延,尽管多年来华为高级干部基本上都能严格要求自己,但现在华为的家属正在破坏原有的纯真与美好,所以任正非在会议上做自我检讨，建议高级干部家属经商的事情应当进行清理。任正非约束和克制自己及家属，为每一个华为领导者做了很好的带头作用，并且效果显著，很好地杜绝了华为内部的贪腐现象。

员工的自我批判。 为了能确保打造出世界一流的产品，为了让企业内部始终保持强大的创新能力和研发能力，任正非主张生产研发部门的工作人员进行自我批评，并及时改正身上的不足和缺陷。所以，华为经常召开"反幼稚"活动，目的就是为了批判那些缺乏市场化、工程化意识，在开发过程中只注重实验性能而忽视了市场实用性的研发人员。每次开会的时候，都有一些研发人员主动上台将自己在工作中的失误进行自我批判，虽然他们会因此而遭到台下员工的嘲笑，但他们这种能够心甘情愿接受惩罚和监督的举动却能让自己在日后的工作中时刻保持清醒的头脑，杜绝再犯"幼稚病"。

企业的自我批判。 在华为，专门组建了一个叫做"蓝军"的实体组织，公司从高层到基层，都在有意识地培养蓝军参谋。蓝军参谋的职能就是专门与华为唱反调，虚拟各种对抗的声音，建立红蓝对抗机制。华为有一群这样的"名人"，比如蓝军参谋部的领头人白志东、固定网络部的徐恩启等，他们从个性到谈吐都充满了否定的风格，是一批典型的"乌鸦嘴"，随时都在为华为唱"葬歌"，而不是"赞曲"。显然，蓝军的使命就是不断攻击华为。在蓝军的攻击中，华为不断地改进自己，使自己变得更加强大。

在华为，无论领导还是员工，都有自我批判的精神，这也显示出华为企业文化与管理文化的成熟。自我批判的文化让整个华为在发展过程中能将问题很好地扼杀在萌芽中，并能随时矫正自己的错误，为华为未来的发展和长治久安起到了重要作用，是华为能够长盛不衰的有力武器。

创业笔记

企业的发展和成长过程中，应当随时自我批判和自我反思，否则容易偏离主航道。莫等船漏舟沉之时空悲叹！

第20课：信奉"狼性文化"，创业要像狼一样去战斗

每一个创业者都需要一点狼性精神，要像一匹狼一样去发展企业。在狼性文化的作用下，可以让一个企业拥有敏锐的嗅觉、持续不断的进攻力，以及团队协作和自发性，可以唤醒企业的竞争欲望和激情，让一个企业永远保持活力和战斗力去称霸世界。

以"狼性文化"缔造业界航母

做企业就要发展一匹狼。狼有三大特征：一是敏锐的嗅觉，二是不屈不挠。奋不顾身的进攻精神，三是群体奋斗的意识。企业要发展，就必须具备狼的这三个特性。

狼本身是一种让人畏惧、讨厌的动物，极少有人愿意与狼相提并论，然而华为却有"东方狼王"的称号。在提及"狼性文化"的时候，相信很多人第一反应就是华为的"狼性文化"。的确，华为的"狼性文

第七章 企业文化——创建有灵魂的企业才能生生不息

化"伴随在华为的每一个成长过程中。

1988年，任正非和他的6个伙伴拿着21000元就开始创建华为，当时华为作为一个小小的代理商，不久便出现业务下滑的情况。这个时候，华为毅然决定将代理赚取的钱进行投资，搞设备研发项目，自此，华为的发展势头可谓势不可挡。

华为的第一次创业是凭借企业家的个人行为而成功的，为了抓住机遇，他们奋力拼搏，艰苦奋斗，靠着自己的远见卓识和超人的胆略，使华为公司初具规模。在这之中，创始人的个人性格、人生经验、价值理念和做事风格深刻地影响着企业的文化形成，构成了企业最本源的文化基因狼性文化。

任正非作为军人出身的企业领导者，自然身上带着一股浓厚的军事色彩，同时其强调斗争性的个人色彩也深深地影响着华为。如果说华为是一群"土狼"，任正非就是这群"土狼"的唯一首领。他亲手缔造了业内最大的神话——用三流的产品迈向一流的市场。华为自2008年至2017年，连续十届名列中国电子百强榜首，尽管华为不是上市公司，但华为的在业界的名气丝毫不减，华为的成功是其他企业所难以复制的。

华为成功的背后隐藏着很多让人好奇的秘密，很多人认为华为是一个非常神奇的企业，并对如此神奇的企业产生质疑——"华为的红旗能打多久"？任正非一向低调的姿态、华为人对外界近乎森严的戒备和防范，使得华为看上去更像是一个半军事化组织；任正非率领"土狼"以及活用兵法的智慧，将各种非常规市场手段进行规范化，并将其服务于华为。

2008年7月15日在市场部年中大会上，任正非在一个会议上特别提到

"狼"和"狈"的攻击组合,他讲到:

"狼有敏锐的嗅觉,团队合作的精神以及不屈不挠的坚持;而狈非常聪明,因为个子小,前腿短,在进攻时是不能独立作战的,因而它跳跃时是抱紧狼的后部,一起跳跃,就像舵一样的操控狼的进攻方向。

狈很聪明,很有策划能力,以及很细心,它就是市场的后方平台,帮助做标书、网规、行政服务。

我们做市场一定要有方向感,这就是嗅觉;大家一起干,这就是狼群的团队合作;要不屈不挠,不要一遇到困难就打退堂鼓,世界上的事情没有这么容易,否则就会有千亿个Cisco。"

一位华为前员工说,任正非是一个非常喜欢和善于讲故事的人,一般讲完故事后都要采取措施,这次"狼狈为奸"的故事直接促成了华为的"狼狈组织计划"的出炉。虽然后来这一计划取消了,但任正非口中的"狼性文化"一直在华为内部延续。

华为一直处于迅猛无比的扩张中,任正非自比为"狼",媒体则把华为与跨国公司的竞争比作"土狼与狮子的战斗"。在华为刚发展的那几年,任正非曾大胆放言:"十年之后,世界通信业三分天下,华为将占一分。"当时那些业界大狮子们认为任正非的这句话简直就是大言不惭,并表示对华为未来的发展前景颇为不屑,都等着看华为的笑话。

然而如今,正是在任正非这匹"土狼"首领的带领下,使得这个诞生在一间破厂房里的小公司的"土狼群"数量在短短二三十年间,就从最初的14名员工发展为十几万大军,并且还改写了中国乃至世界通信设备制造的竞争格局,这使得那些和华为一样垂涎于这个领域的竞争者以及嘲笑者——"狮子"也不得不惧怕华为三分。任正非以"狼性文化"将华为缔造成了业界航母;任正非以"狼性文化",以一个强者的姿态,诠释了商业界的生存法则。

创业笔记

创业者在开创企业未来的道路上,绝对不能缺少"狼性",因为"狼性文化"可以使一个企业更具有顽强的生命力和战斗力,帮助企业快速成为业界最强者。

唤醒团队的"狼性"进攻力和执行力

在成功的关键因素和选定的战略生长点上,以超过主要竞争对手的强度配置资源——要么不做;要做,就集中人力、物力和财力,实现重点突破。

据中国民营企业家协会资料显示:全国每年新生16万家民营企业,同时每年又相继死亡14万多家,有92%以上的民营企业在5年内破产消亡,中国民企的平均寿命只有2.6年,世界500强的知名企业平均寿命也只有20—40年。

决定企业寿命长短的一个很重要的因素就是企业执行力,然而,中国很多企业家将"执行力"当作一种口头禅,虽然整日挂在嘴边,无论开大小会都会拉着嗓子、拍着桌子高喊"执行力",然而当企业未能完成销售业绩、未能如期开发新品的时候,还是将其归结为执行力不到位。殊不知,执行力并不是喊出来的,而是靠实际行动落地的。

华为完全是借助"狼性文化"来唤醒团队,甚至是整个企业的进攻力和执行力的。当然,一家崇尚"狼性文化"、具有强大执行力的企业,必定有一位德高望重的灵魂人物,任正非就是这样的灵魂人物。任正非在华为强调做任何事情要么不做,要做就要集中精力、人力、物力和财力将其重点突破,这就是一头狼所拥有的典型的强效进攻力和执行力。

任正非作为华为的创始人、华为的领袖,所占公司股份比例的1.01%,无论公司制定什么制度,任正非都能一言九鼎地去认真执行。任正非这种强硬的军队式领导风格,与任正非曾经从军的经历有很大关系。1998年,任正非向华为培训中心推荐的一本叫《西点军校领导魂》的书,该书是由美国西点军校赖瑞·杜尼嵩退役上校所写,书中主要介绍西点军校如何培养军队的领导者。作为美国第一所军事学校,西点军校曾成功栽培过无数世界级的领导人才,其中包括可口可乐、通用电力等数十家大型企业的总裁,甚至是首度登上月球的三位太空人中,就有两位出自西点军校。任正非能够将这本出自军人之手的书作为华为内部培训所用,就充分体现了任正非已经将这种"狼性"的进攻力和执行力作为华为的企业文化,并希望这种文化能够在华为内部普及和传承。

任正非本人是一个不折不扣的执行者,同时对下属也提出要求:千万不要在他面前找理由说办不到。在执行的过程中下属可以对问题及时反馈，但只要尽了全力，无论结果如何，任正非都会给一个非常客观的评价和评判。这就是任正非的执行风格——提出的目标只有努力向前，没有动摇的余地。

如今，任正非已进入耄耋之年，在很多年轻人眼中，任正非已经开始走在了人生的下坡路上，但任正非一如既往地将强效的进攻力和执行力作为华为的狼性文化，并以此去要求每一个员工，他认为：所有的事情都是有困难的，但并不意味着就可以以此作为借口，只有立刻去思考，去执行，才是一个称职员工或管理者应当去做的事情。

正如赖瑞·杜尼嵩在《西点军校领导魂》中所写的一段话："执行，是一个很好的导师；执行，使人不再矫揉造作，不再虚张声势自以为英勇；执行，使人赤裸裸地面对自己最好和最坏的一面。"任正非能够将这种狼性的进攻力和执行力作为一种企业文化在全公司进行普及，并且能以此来自律，不仅是对华为全员运营能力的一种考验，更是对每个人责任心的一种强调。

华为内部流行这样一句话："凡是华为认定的事情，很少失手。"从华为的手机业务到华为的企业业务，无不是这句话的最好印证，华为在短短的三十年时间里能够在世界市场中打出如此广阔的天地，足以证明了华为的执行力之强大。

创业笔记

创业者应当去除一些浮躁，创建属于自己的文化，并投入全部精力去执行、去沉淀，这样企业才能在市场经济的大潮中安度彼岸。

狼的眼睛中永远闪烁着希望的光芒

在当前产品良莠不分的情况下，我们承受了较大的价格压力，但我们真诚为用户服务的心一定会感动"上帝"，一定会让"上帝"理解物有所值，逐步地缓解我们的困难。我们一定能生存下去，为中华民族的通信产业发出光和热。

狼虽然不像雄狮那样有威武的外表，不像雄鹰那样有一双可以飞翔的翅膀，不像猎豹那样有一身魅力的皮毛，但狼的骨子里天生就有一种不服输的精神，它们绝对不会因为对手强大而放弃。狼知道，自己想要获得食物，就必须经过艰苦狩猎，即便猎物是一个非常强大的对手，狼也能够在眼睛里闪烁着希望之光，用一种无所畏惧的勇者之心、坚韧不拔的毅力、沉着冷静的心态想方设法创造打败对手的机会。

华为信奉"狼性文化"，自然每个华为人也具有狼的特质，他们在面对任何困难的时候，都能心存美好，创造机会，为希望而战。

在早期，有一部分个体的中国商人在俄罗斯销售过伪劣商品，这使得整个中国产品在俄罗斯的声誉受到极大的影响。这就直接给俄罗斯对中国商品产生了一种抵触心理，只要是中国制造的产品，不论质量再好，也在俄罗斯市场卖不上价钱，只能低价销售。很多商店更是为了向客户表明自己的信誉度，赫然在牌子上写着"本店不出手中国货"，并将其挂在门口最显眼的位置。在这种恶劣的市场环境下，毫无疑问给华为在俄罗斯市场的产品销售也增加了重重阻力。这是多年来，中俄两国在贸易上萎靡的一个主要原因。

虽然华为此时在俄罗斯市场的中不受"待见"，然而，任正非却仍然希望能够通过努力将这块蛋糕拿到自己手中。于是，华为指派李杰带队赴俄，以希能够占领一方市场。等到李杰带着团队到达俄罗斯之后，他对华为的未来满怀希望地，并认为：要把俄罗斯的每一个地区都跑一遍，把竞争对手吃饭、睡觉、滑雪和与家人团聚的时间都用来攻取阵地，就一定能够闯出来。可万万没想到，这一闯就用了四年多时间，但最终还是一无所获。

当时的华为在俄罗斯并没有什么名气，而且绝大多数的客户都已经被爱立信、西门子这样的公司"扫荡"过了，所以华为的销售人员只能四处碰壁。然而，1998年，俄罗斯出现了一场空前巨大的金融危机，这使得俄罗斯整个国家的经济都陷入了萧条期。任正非却在这个时期加大在俄罗斯的投资，他认为，这个时期是一个绝佳的反败为胜的时期，于是他像是抓住了一个巨大的商机一样，开始热血沸腾地在俄罗斯这篇国土上大干一场。正如任正非所预料的那样，当普京上台后，俄罗斯的经济开始逐渐复苏，华为也如愿以偿地与俄罗斯成为了合作伙伴，并就此扎根于俄罗斯市场。

多年来，华为为俄罗斯所做的贡献越来越大，其名气也是越来越响亮。在2007年6月，华为在著名的圣彼得堡举办了一场"华为在俄罗斯十年"的庆典上，以庆祝华为进驻俄罗斯市场的十周年。中国副总理吴仪和俄罗斯副总理应邀参加了该庆典，在庆典活动中，来宾高度赞扬了华为对俄罗斯电信和中俄两国经贸关系做出了巨大的贡献。

无论在任何时候，无论面对多么艰难的困境，华为都能用"狼性文化"来克服，都能满怀希望地对这些困难发起挑战。如今华为成为行业中的领导者之一，这也是必然的事情。

创业笔记

"希望"是企业能够持续发展的不竭动力，企业发展过程中面对各种艰难的时候，"希望"两个字比黄金更重要。创业者如果能够像狼一样，眼中永远闪烁希望的光芒，对企业的未来发展充满希望，那么在巨大的市场竞争中定能脱颖而出。

第七章 企业文化——创建有灵魂的企业才能生生不息

第21课：艰苦奋斗的精神永恒不变

很多企业都会追问这样的问题：企业靠什么发展，靠什么成长，靠什么壮大？任正非在引领华为的发展过程中给出了完美的答案——艰苦奋斗。在华为，艰苦奋斗作为一种企业文化，每一个华为人身上都能看到这种艰苦奋斗的精神，并传承不息，使得这种精神成为华为发展过程中永恒不变的主题。

"烧不死的鸟是凤凰"

真正绝对的公平是没有的，不能对这方面期望太高，但在努力者面前，机会总是均等的，要承受得起做好事反受委屈。"烧不死的鸟就是凤凰"，这是华为人对待委屈和挫折的态度和挑选干部的准则，没有一定的承受能力，今后如何能做大梁？

一个企业的发展，离不开艰苦奋斗文化的引导；一个团队的成长，离不开艰巨奋斗文化的传承。只有这样，才能铸就一个不忘初心、艰苦奋斗的企业，才能打造一支不离不弃、艰苦奋斗的优秀团队。古今中外，但凡成大事者，都具有艰苦奋斗的精神。没有艰苦奋斗的精神，一个企业是很难在艰难困苦的条件中获得生存和壮大的。

华为将艰苦奋斗作为企业文化，在华为内部，每个华为人都将"艰苦奋斗"奉为自己工作的精神动力。然而，在艰苦奋斗的过程中，个别员工感觉自己受到了不公平待遇或者受到委屈是在所难免的事情，任正非为此在《致新员工书》（2015年）中这样讲到：

"华为公司共同的价值体系，就是要建立一个共同为世界、为社会、为祖国做出贡献的企业文化。……这个企业文化黏合全体员工团结合作，走群体奋斗的道路。有了这个平台，您的聪明才智方能更好地发挥，并有所成就。没有责任心，缺乏自我批判精神，不善于合作，不能群体奋斗的人，等于丧失了在华为进步的机会，那样您会空耗了宝贵的光阴。"

在任正非眼中，只有那些能够将华为的整体利益作为自己在公司的奋斗目标的人，才能真正的成为华为群体奋斗中的一员，那些不能承受委屈，总是计较个人得失，总是缺乏责任心的人，是不能很好地为华为做贡献的，是在耗费自己的青春和生命。

毛生江作为华为曾经的风云人物，在市场部担任代理总裁，但随着华为内部的改革，轮换竞岗制的出现，使得华为内部人员集体辞职，毛生江作为一位领导干部，自然也逃不了制度改革的"利剑"，当毛生江从原岗位辞职并进行岗位竞争后,从原来的代理总裁的位子上降为了终端事业部总经理,这使得毛生江的工资大幅缩减,毛生江为此感到不满。但是,在毛生江经过一段时间的思想和情绪调整之后,认为这是组织上对自己的一次考验,自己在岗位竞争中被降职只能说明自己的能力还不够,不足以胜任原来的职务,因此没有必要耿耿于怀。在之后的日子里,毛生江沉下心来做事,他积极开拓市场,获得了非常出色的业绩,仅用一年时间就让山东办事处当年的市场销售额同比上涨了50%,回款率也近90%。毛生江出色的表现,让大家都觉得他是一个可塑之才。

一年后,毛生江收到了一份任命书,被提拔为总部执行副总裁。毛生江在华为的职业生涯发生了巨大的变化,不仅对毛生江来讲是其成长的见证,对华为来讲也意义非凡:因为当时不少员工受到轮换竞岗制的影响而离开了华为,毛生江的例子却给很多华为人带来了职业生涯上的希望和未来,为此,任正非专门在2000年的市场部集体大辞职四周年颁奖典礼上强调:

毛生江从山东回来,不是给我们带来一只"烧鸡",也不是给我们带来一只凤凰,因为虽说"烧不死的鸟是凤凰",但凤凰也只是一个个体。

我个人希望树立一批真实"烧不死"的鸟做凤凰。有极少数人是真正"在烈火中燃烧",如果说他们能站起来,那他们对我们华为人的影响是无穷的。

事实上,华为有很多"凤凰",他们能在工作中经受住艰苦、挫折和失败带来的考验，承受住各种工作压力和反复"折磨"，从而将自己锻炼成了一个个优秀、抗压的华为人，为华为做出了实实在在的贡献，受到大家的尊重和认可。他们相信："是太阳总会升起，哪怕暂时还在地平线下"。

创业笔记

任何一个企业的发展都需要经历一个艰苦奋斗的过程，失败和挫折总会不期而遇，但企业能否取得成功，关键在于企业成员能否团结一致，用强大的斗志去抵抗眼前的压力和困苦。只有经得起烈火的考验，在凤凰涅槃的那一刻，才能得到重生，才能保证企业在市场竞争中长存。

"床垫文化"要坚持

我们还必须长期坚持艰苦奋斗，否则就会走向消亡。

如今，很少有企业创业者愿做"工作狂"，每天加入到为企业发展、壮大的员工队伍当中，甚至几乎没有哪个企业领导人能够每日以公司为家，整日泡在工作中。

任正非就是一个以奋斗为中心，以公司为家的"过来人"。在华为创建早期，公司内部留下个传统，叫"垫子文化"，几乎华为的每个研发人员都有自己的一张床垫，卷放在铁柜的底层，或者放在办公桌的下面。午休的时候,员工席地而卧;晚上加班的时候,不回宿舍,累了就躺在这张床垫上休息一会儿,醒了爬起来继续干,就连任正非本人的办公室里也有一个简陋的小床。在华为流行这样的一句话:"一张床垫半个家",显然,华为人已经将这个常年伴随自己的床垫当作自己的"家",也正是华为人携着床垫走过了华为创业初期最艰辛的时刻。

在华为,很多员工都可称是"工作狂"。即便今天,华为已经冲到了国际级企业的地位,在世人眼中,华为已经是一个伟大的成功者,但是华为对此并不满意,依然认为华为的"垫子文化"还需要继续坚持,因为任正非认为,信息产业正逐步变为低毛利率、规模化的传统产业,在这个时候电信设备厂商正面临一场兼并、整合的大改革,华为要及时应对这种变革,要求得生存和发展,只能继续用别人眼中认为很"傻"的方法,用"垫子文化"去推动华为的进一步发展。

所以,在华为,新员工进入之后第一件事情就是去深圳总部进行为期两周的集训,华为将其叫"下大队",在军训的时候,主要是接受华为的企业文化培训。一旦开始工作,"床垫文化"就伴随华为员工的每一天,华为的床垫一般标配规则一个小被子和一个枕头。

正如任正非所强调的,华为公司的文化精髓在于"低调做人,高调做事"。同时这个以技术求生存的公司,"床垫精神"深入人心。据说欧洲研发人员的工作时间约为每年1400小时,而华为中国研发人员的工作时间翻了一番。

同时华为公司还规定:除非非常紧急或必须要赶工期,否则员工不准留下过夜,因为熬夜干活之后在公司过夜休息的效果未必好。

所以,如今华为的"床垫文化"并不是意味着需要华为员工像早期那样经常在公司过夜,而是作为员工在公司的午睡和休息之用;如果员工累了、困了,可以在床垫上休息,等恢复体力和精神之后,更加有充沛的活力去工作。

虽然华为早期和现在的"床垫文化"稍有区别,但本质没变,实际上都是为感召每一个华为人能继续发扬艰苦奋斗的精神,发挥自己的智慧和能力。所以,"床垫文化"是华为企业文化的一个象征,使得华为成为了中国企业创业、创新和国际化的标杆。

创业笔记

推进企业的文化建设,需要积极倡导员工艰苦奋斗的奉献精神,激发每位员工能够大力贡献自己的聪明才智,才能提升整个企业的凝聚力和核心竞争力。

第八章

危机意识——居安思危,不是危言耸听

第22课：看似平静的背后往往潜藏着难以预测的灾难

通常，那些看似风平浪静的背后却往往隐藏和酝酿着让人难以预测的巨大灾难，如果一味地享受着灾难来临前的平静，那么等到灾难来临之际，带来的直接后果就是顷刻坍塌。如果说，焦虑是人生的动力，那么，危机意识也是一个企业发展的不竭动力，时刻充满危机感的企业是一个真正成熟的企业。

企业"寒冬"厄运终将来临

现在是春天吧，但冬天已经不远了，我们在春天与夏天要念着冬天的问题。IT业的冬天对别的公司来说不一定是冬天，而对华为可能是冬天。华为的冬天可能来得更冷，更冷一些。

如果说焦虑是人生不断向上的动力，那么危机意识也是企业发展的动力，时刻保持警惕性和危机感的企业是一个真正能够走向成熟的企业。

如今，国家通过很多优惠政策鼓励大众创业、万众创新，很多创业者乘着这股"优惠政策之风"创办企业，以期在各领域开疆辟土，称霸一方，但真正能够崭露头角的企业往往像大浪淘沙一般少之甚少。很多企业在短暂的辉煌之后便犹如人间蒸发般隐匿，究其原因，大多是因为让一时的辉煌冲昏了头脑，对市场发展没有丝毫警惕性和危机感。

任正非可以说是一位对华为未来时刻"殚精竭虑"的领袖，虽然华为在经历了艰难和挫折之后依然在通信行业坚挺不倒，但任正非却总是担心华为有一天会面临"寒冬"期，走向衰败。

第一次谈"冬天"。在2001年公司内部的一次会议上，任正非在华为正处于"春天"的时候却看到了华为的"冬天"，认为华为的"冬天"已经不远。他指出：

公司所有员工是否考虑过，如果有一天，公司销售额下滑、利润下滑甚至会破产，我们怎么办？我们公司的太平时间太长了，在"和平时期"升的官太多了，这也许就是我们的灾难。泰坦尼克号也是在一片欢呼声中出海的。我们好多员工盲目自豪、盲目乐观，如果想过的人太少，也许冬天就快来临了。居安思危，不是危言耸听。

有人认为任正非这是在为IT界敲响警钟，也有人认为任正非这是在"作秀"，然而，无论别人如何猜测，任正非这位企业领袖能够在企业位居全国电子百强首位的辉煌时刻谈危机和失败，却是引人深思的。

第二次谈"冬天"。在2004年第三季度，任正非在华为内部讲话时再次强调"华为要注意冬天"。在这场长达13000字的讲话中，任正非检讨和审视了华为当时遇到的各种困难，并称这场有关生死存亡的斗争实际上是质量、成本和服务的竞争。这次讲话中对"寒冬"的预警影响力有所减弱，任正非着重对华为的内部问题进行细致、深入的探讨。

第三次谈"冬天"。在2008年年底，任正非第三次提到了"冬天"，他表示，要"对经济全球化以及市场竞争的艰难性、残酷性做好充分的心里准备"，并提醒员工"经济形势可能出现下滑，希望高级干部要有充分心理准备。也许2009年、2010年还会更加困难"。这次是华为身处快速发展期的盛世危言。自2007年之后华为的发展进入了达到了一个新阶段，2007年年报显示，华为销售收入达到了125.6亿美元，跻身世界通信设备上的前五强，但是任正非在2008年对华为的警告恰好帮助华为度过了由美国2007—2008年次贷危机及金融危机引发的全球经济寒冬。

第四次谈"冬天"。2016年12月2日，任正非以电子邮件的形式再一次提及金融危机的威胁和过冬的思路，前半部分是任正非对过去几年来的高速发展和取得的成绩进行了充分的肯定，但在后半部分却话锋一转，直指华为面临的危机，并提出了应对措施："金融危机可能即将到来，我们强调，一定要降低超长期库存和超长期欠款……变革和IT也要聚焦，减少变革数量，每新增加一个流程节点，必须关闭另两个流程节点。华为要自己实现ROADS，实现数字化转型，变革与IT要在夯实IPD/ISC/LTC/IFS的基础上围绕这个目标来开展……"

2016年7月，华为发布的上半年度经营业绩显示："1—6月实现销售收入2455亿元人民币，同比增长40%；营业利润率为12%。"所以，任正非在2016年第四次提出危机和寒冬，是在华为2016年高速成长的时候提出来的。

正所谓"生于忧患，死于安乐"，任正非四次谈"冬天"，总是以警醒的话语在警示自己和每一位员工，他的这种忧患意识能够渗入到每个华为人的内心深处，让华为的每个人都能够产生危机意识，即便在企业发展情况一片大好的情况下，任正非在这一点上从没有放松警惕。

创业笔记

所谓"危机感"就是企业领导者对企业的责任感。有了对企业的责任感，就会时刻关注市场发展趋势，只有持续不断充满危机感，企业才能永远保持处于一种紧张有序的竞争状态。

每天都要思考失败

冬天总会过去，春天一定来到。我们趁着冬天养精蓄锐，加强内部的改造，我们和日本企业一道度过这严冬，我们定会迎来残雪消融，溪流淙淙，华为的春天也一定会来临。创业难，守成难，知难不难。高科技企业以往的成功往往是失败之母，在这瞬息万变的信息社会唯有惶者才能生存。

常言道："失败是成功之母"，这句话似乎是老生常谈，但在任何时候，对任何人都有十分重要的作用和意义。事关生死存亡，一个人应当明白这个道理，一个企业更应当以此为训。

每个企业都不希望失败这个词是形容自己的，所以，很多企业都害怕失败，失败不仅给企业带来巨大的经济损失，还会给创业者带来极大的精神上的打击。但即便如此，却很少有人能在失败来临之前用一种高瞻远瞩的眼光去思考失败，直至失败真的来临的时候，才感慨和懊悔不已。

任正非和绝大多数企业家相比，其中有一个不同之处在于他能够每天都思考华为未来可能会遭遇失败。不少人认为任正非的这种做法就是杞人忧天，但不可否认的是，未雨绸缪、居安思危总比临时抱佛脚而管用很多。

在华为，任正非始终强调企业的发展要时刻保持危机意识，也就是任正非所说的"惶者才能生存"。为此，任正非在其所写的《华为的红旗能打多久》《活下去是企业的硬道理》两篇文章中多处警示员工，要"居安思危"。任正非是一个喜欢每天都思考失败的人，他表示：

十年来，我天天思考的都是失败，对成功视而不见，也没有什么荣誉感、自豪感，而是危机感。也许是这样才存活了十年。我们大家要一起来想，怎样才能活下去，也许才能活得久一些。失败这一天是一定会到来的，大家要准备迎接，这是我从不动摇的看法，这是历史规律。

带着这种"忧患"思想，任正非在带领华为向前迈进的过程中，也时刻把握华为的发展方向，并对华为的各项管理制度进行优化。

1996年，华为拟定了《华为基本法》，其中有两条原则：一、为了减少员工的流失，实行员工持股制度，而作为企业创始人，任正非却给自己留的股份少之又少；二、为了不被市场竞争踢出局，在技术开发上华为注入了大量资金，每年坚持将销售收入的10%用于研发。华为的这两点原则是国内其他企业都无法企及的。

1998年开始，华为内部管理混乱，为了"平息"这场管理风波，任正非以美国IBM等西方企业为师，建立了更加适合自身发展的管理体制。由于全新的管理体系在初期员工不能完全适应，所以任正非担心新管理体系应用的失败，又提出了"先僵化、后优化，再固化"的思想。

就连2004年任正非出访日本的时候，也完全是因为担心华为的失败而去日本考察的，当他回国之后，写了一篇题为《北国之春》的文章，其中提到："华为总会有冬天，准备好棉衣，比不准备好。我们该如何应对华为的冬天？这是我们在日本时时思索和讨论的话题。"任正非坦言，他出访日本的真正目的"并不是为了感受异国春天的气息，欣赏漫山遍野的樱花，而是为了学习日本度过冬天的经验"。任正非的这一举动，即便是今日也依然具有很大的现实意义。

任正非总是认为：没有遇见，没有预防，（冬天来时）就会冻死。那时，谁有棉衣，谁就活下来了。任正非这种低调的品质和居安思危的风格，成就了华为的传奇，也造就了自己的传奇。

任正非眼中的华为并不能算是一个彻彻底底的成功企业，而是一个依然走在成长道路上不断壮大的企业。任正非觉得，在华为的成长过程中失败的一天迟早会到来，然而任正非却能够用极具前瞻性的眼光去看待华为成长过程中可能会遇到的各种失败。在这种防微杜渐的意识下，任正非所进行的各种改革和创新都是对可能出现的失败进行提前预防和弥补，正是如此，华为才能在任正非的带领下获得进步，成就了华为如今在世界范围内的声望。

创业笔记

　　任何时候，创业者都不能掉以轻心，即便是企业身处一片大好前景的时候，也不能丧失忧患意识，因为一旦市场形势逆转，企业再提及危机往往为时已晚。

第八章 危机意识——居安思危，不是危言耸听

第23课：创业——活下去才是硬道理

创业本身就是一个艰辛的过程，能够活下去才是硬道理。很多创业者在创业初期对自己的发展前途通常非常看好，有的甚至把企业的"五年规划""十年规划"都设计好了。然而事实上，企业能否"活"到那个时候还是个未知数，让企业持续"活下去"才是创业者应当更加关注的问题。

先谈生存，后谈发展

我们首先得生存下去，生存下去的充分且必要条件是拥有市场。没有市场就没有规模，没有规模就没有低成本；没有低成本、没有高质量，难以参与竞争，必然衰落。

一个企业存在的意义在于创造巨大的利润和价值，然而能够保持利润和价值形成的基础是企业能够持续生存、长期不倒。先谈生存，后谈

发展，是一个无可争辩真理。

在2012年的时候，华为召开了一次国际咨询会议。当一位英国顾问在问及任正非对华为今后10年、20年的愿景时，任正非脱口而出了两个字"坟墓"。当时在场的所有全球顾问都因为任正非的这一回答而大吃一惊，同时也因为任正非给出的这两个字而明白华为能够如此快速走上国际级企业地位的奥妙之处。

奔驰公司的一名高管对任正非当时的回答给出了这样的评论："任先生能这么想，20年后华为必将更加强大，德国能有今天，就是因为我们民族总有危机意识，在这一点上，华为跟我们很相像。"

任正非的危机意识，已经成为了华为一种独有的文化和作风。任正非认为：

一个人再没本事也可以活60多岁，但企业如果没有能力，可能连6天也活不下去。如果一个企业的发展能够顺应自然法则和社会法则，其生命可以达到600岁，甚至更长时间。

任正非看到，在商业领域中，每天都有很多企业创建，但有更多的企业在倒下去，当然也有个别企业在市场竞争中脱颖而出，这就是市场淘汰赛的残酷现实。而在通信行业，这种残酷性更加严峻，华为能在这场淘汰赛中暂时得以生存，并跻身于国际级企业的行列，并不代表着华为能够永远站在通信行业的最高峰，也不意味着华为就此可以放弃危机意识，否则，即便没有被"长江后浪"所打败，也终会被自己所毁。

即使面对2013年华为首次全年业绩超过了爱立信成为了行业翘楚，任正非依然在2014年5月份的一次大会上谈到这样一个问题：如何应对"第91天危机"，并说经过财务统计，当时华为的现金流仅够维持三个月的运转，当三个月之后，即第91天来临的时候，华为公司如何能够度过这样的危机是非常值得深思的。

任正非能够有这种居安思危的意识正体现了他的睿智之处，他总是能站在思想的最高峰沉下心来思考华为未来如何生存和发展的问题，任正非认为，华为活下去的理由和价值是华为活下去的根本所在，任正非将华为为社会、为国家、为人类创造价值当作华为生存的理由和价值，并使得华为在发展的路上一直都将民族、国家利益放在最高位置。

其实，华为一直都明白一个简单的道理，即"先生存，后发展"，在这种思想下，华为三十年来一路高歌猛进，创造者各种让人瞠目结舌的商业神话，默默地引领着17万员工的庞大通信帝国前进。

创业笔记

企业在激烈的市场竞争环境下，尤其是初级阶段是最羸弱的时期，没有资金、没有技术，最容易被大公司所挤压。企业最好的办法就是能够放低身段，将高远的目标束之高阁，用实际行动来争取盈利，养活自己，这样才能让自己在市场中很好地生存。企业只有保证最起码的生存，才能谈发展。

不能关起门来赶超世界

今年年底,我们将提出一个口号,就是在窄带通信领域要做到世界领先。怎么做到?要虚心、认真学习国外主要竞争对手的优点,并时时看到和改正自己的缺点。华为要活下去就要学习——开放合作,不能关起门来赶超世界。我们所有的拳头产品都是在开放合作中研制出来的,封闭心态的人无法进步,应下岗培训。

创业本身就是一个艰苦而漫长的过程,在这个过程中,无论以何种方式创业,每个人都争取用最大的努力换来伟大的成功时刻。然而,即便再聪明的创业者,也或多或少有"智者千虑,必有一失",这种闭门造车的创业思维看似是自己在专心致志地使用浑身解数让企业能够长足发展并有所超越,但实际上却另自己裹足不前,离成功越来越远,更何谈领先一步?

学习是一种能力,持续学习是创业者必不可少的一种品质,任正非就是具有这种品质的成功创业者的典范。

在华为工作的很多员工都发现任正非经常捧着一本外语书认真学习,这是很多人所不解的,他们认为"请个翻译不就可以了"?然而任正非却不这么认为。

1995年,华为准备进军国际市场,此时任正非意识到自己不会英语,沟通能力很差,从而导致公司在向外扩张的过程中吃了很多亏,失去了很多投资机会,由于个人问题给公司带来了巨大的损失。当时,很多人都不会讲英语,更不用说能够说上一口流利的英语,然而,这却让任正非自责不已。于是他下定决心，带头学英语，并在一次董事会上特别指出：将来董事会的官方语言是英语，自己58岁还在学外语，对于常务副总裁更应该多加学习。在任正非的带领下，华为的全部管理人员都开始自发地学习英语。

在此之前，任正非还希望能够走出去，向其他先进国家学习，让华为能够走向国际化，成为世界级公司。为此，任正非亲自赴美考察取经、亲临日本著名公司学习观摩，在他看来，只要有利于华为的发展、壮大，一切都可以拿来学习。

1994年，在美国考察期间，任正非耳濡目染了美国优美的环境、领先的教育、超然的人性、发达的科技、先进的管理、真实的文化，并深感美国人踏实、认真、专一的精神，精益求精的工作作风、毫不保守的学术风气……很多都是华为可以学习和借鉴的。此外，任正非还去多国学习，如日本、德国等。在任正非看来，华为应当学习美国的创新精神、日本的勤劳精神、德国的敬业精神。为此，任正非认为：

我们一定要避免建立封闭系统。我们一定要建立一个开放的体系，特别是硬件体系更要开放。不开放就是死亡，如果不向美国人民学习他们的伟大，就永远战胜不了美国。

任正非通过不断地考察学习，发现要想改造华为，就必须向国外一流厂商学习，这是最为迫切的事情。华为将学费交给了IBM，因为华为和当年的IBM一样，正在从一个单纯的产品厂商向提供完整解决方案的厂商转变。最终历时五年，华为在IBM手把手的教学中逐步走向了任正非所期望的那个目标:"逐渐摆脱对技术的依赖,对人才的依赖,对资金的依赖。"

任正非的眼睛从来没有离开过国外的巨头们,他从未停下过脚步而是常出去走走,去看看国外先进厂商管理企业的先进方法和优势。在2017年去日本和德国学习归来之后,任正非做了很多总结,并且在2017年8月7日签发文件,称对标德国日本,找到华为质量文化的哲学体系。

这种能够认清自己存在的问题,能够接受现实,能够用拿来主义来弥补自己不足的思维模式非常值得肯定和借鉴;一个成功的企业,必定有一个优秀的领导者去创造,任正非的这种"不能关起门来赶超世界"的思想,使得华为能够在引进和学习国外一流的管理方法、文化体系之后自成体系,并得以提升,成为了世界级大企业。可以说,华为如今的管理思维、企业文化已经在国内成为首屈一指的楷模,受到很多国内企业的追捧与效仿。

创业笔记

从某种意义上讲,创业是一个与时俱进的过程,需要跟上时代步伐学习先进方法与策略,不断提升自己的实力,才能让自己不断适应时代发展,能长盛不衰。创业者不应闭门造车,应该去向"明白人"请教。

第八章 危机意识——居安思危,不是危言耸听

第24课:危机在前,改革必行

企业发展的过程中,危机常伴左右。在危机面前,企业避无可避,唯有对现状进行改革,方能给企业带来一线生机。虽然说"改革就会招惹是非,改革也很难十全十美",但"改革有风险,不改革企业就会有危险"。所以,危机在前,改革必行。

进攻是最好的防御

最好的防御就是进攻,要敢于打破自己的优势形成新的优势。

这是个日新月异的时代,企业如果一味自我满足,停滞不前,就注定会淘汰出局。面对这个时代,任正非时刻充满危机意识,认为最好的防御就是进攻,就是进攻自己,并且永不停歇。

近两年,华为的手机销量猛增,在国内外拓展了很大的市场,也取得了不菲的成绩。2015年,华为手机全球销量超过了1亿部;2016年,华

为手机全球销量上升为1.4亿部；2017年仅前三季度，华为的手机在全球的出货量就已经达到了1.12亿部。华为手机销量在北非、拉美地区、中东以及中亚市场中遥遥领先，这让华为看到了自己在智能手机领域的巨大发展前景。

即便如此，华为还有一个难以短时间治愈的硬伤，那就是全球依然有很多人并不认识华为，并且有很多人不愿意购买华为手机。据相关统计数据显示，目前任然有42%的消费者对华为手机品牌没有足够的认知，根本没有将华为手机放在第一考虑购买的位置。而从知名度上看，苹果无疑在全球位列第一。

面对如此庞大的智能手机市场，如此多的智能手机生产商以及如此有知名度的苹果手机，任正非认为华为作为一个强大的跨国公司，就必须将海外市场做的足够强大才行。于是，为了防止华为在市场中的份额有所下降，为了引起更多人对华为的关注，提升华为在全球的知名度，华为向海外市场发起了一轮全新的进攻。

华为一直都不希望公司的发展呈现出"往窝里倒"的方式，因为任正非认为，"进攻是最好的防御"，如果在海外市场发展不景气，就意味华为的市场被逼回国内市场，这样华为的发展格局无疑会变小，会严重阻碍华为在世界市场中扩张的脚步，正如任正非的观点：

鸡蛋从外面向里面打碎，那是一个"煎蛋"；鸡蛋从里面向外面打碎，那是一个新的生命。

可见，任正非不愿意华为成为一个被别人从外面打碎的"煎蛋"，而是希望华为能从内向外进行扩张，为华为的发展孕育出全新的、更加广阔的市场，这就好比是华为又一次获得了新生。

在发起进攻之前，华为高层对海外市场落后国内市场的原因进行了深入、透彻地分析，认为导致现状的原因有两点：第一是因为国内外地域和文化差异的影响；第二是华为在国内外市场资源的不均衡，以及投资力度不均衡造成的。为了缩小国内外的差距，华为改变自己的运营模式——蜂巢模式，增加海外投资，增加海外运营人员，将创新资源适当向海外进行转移。

这种蜂巢模式最初来源于凯文·凯利所著的《失控》一书。在书中，凯文·凯利将这种模式进行了如下解释："没有一只蜜蜂是被蜂王控制的，整个蜂群中并不存在一个发号施令的核心人物或者管理者，蜂群中实际上有一只看不见的手，一只能够在群体中精准控制每一个成员的行动的手。"

华为受到这种蜂群模式的启发，并加以借鉴，进而改良为针对华为现状的蜂巢运营模式。在这一模式的创新下，一群蜜蜂能够在没有领袖发号施令的前提下朝着同一个方向飞。这样，过去那种自上而下的制度其作用已经在逐渐消退，华为全体员工都能聚集在一起完成一个共同的目标。华为希望通过这种蜂巢模式让海外市场拥有更多的自主权，不用等待总部发号施令，就能自觉做出合理的安排，用同一节奏，向同一个方向前行。

在这种模式下，华为已经在海外市场建立了很多个研发中心，如旧金山、伦敦西区、莫斯科、日本、印度等都有这样的研发中心。这些研发中心确保了华为在海外市场的创新力度以及市场拓展速度，使华为依靠聚众的力量赢得了海外市场扩张的胜利。

此外，华为还专门邀请大咖进行视觉形象的设计，如与施华洛世奇展开设计合作，还与世界足坛巨星梅西签约担任品牌大使等，这些巨星和著名设计团队为华为在全球范围内提升了品牌知名度，让华为在世界市场中的份额稳步提升。

华为用自己的实际行动在告诉每一个人，在危机来临前，只有进攻才是最好的防御。

创业笔记

市场竞争变化无常，瞬间仿佛就是一个世纪。企业要想在这个时代中脱颖而出，就需要在市场危机来临之前主动出击，抢占先机，因为主动出击永远是最好的防御手段。

对手优化了，我们不优化是自寻死路

市场竞争中，对手优化了，你不优化，留给你的就是死亡。

现代社会日新月异，市场竞争非常残酷，企业要想在这样的环境下做大做强，没有"两把刷子"是很难成大事的。当然，对于那些成大事的企业，往往具有足够强大的危机意识，在竞争对手在进步的时候，自己也不会放纵自由，原地踏步。因为它们知道如果你在原地踏步的同时，你的竞争对手已经形成了强大的竞争力，那么这对于你自身来讲无异于自寻死路。

华为从最初众多名不见经传的小公司中脱颖而出,不仅是靠不断地艰苦奋斗换来的,而且还依赖于对自身的不断优化才赢得了公司如今的不断壮大。

2009年3月,任正非看到思科系统公司在全球推出了一款革命性的数据中心架构,并发布了一系列的创新服务和一个由最佳合伙人所组成的开放生态系统;爱立信公司也在2008年、2009年分别裁员4000人、6000人,在裁员的同时,爱立信又将数千名运营商纳入自己的麾下,这些战略体现了爱立信的一个重要转型思路:想成为电信服务市场的第一。

任正非看到思科系统公司在创新上所体现出来的高能力、爱立信在内部管理上所体现出来的高水平时,意识到当时的华为还远远落在后面,一种危机感油然而生。而要缩短与这些竞争对手的差距,就需要进行持续的改良,这些改良包括管理的改良、制度的改良等,否则原地踏步就会让客户抛弃,就会被竞争对手远远地甩到后面。于是任正非在2009年4月24日召开的华为运作与交付体系奋斗表彰大会上放了"狠话":"对手优化了,你不优化,留给你的就是死亡。"

事实上,早在1998年制定的《华为基本法》中,任正非已经有了全面引进国际级管理体系的理念。之后,华为又花费巨资从IBM引进了集成产品开发(IPD)和继承供应链管理(ISC),还将英国国家职业资格管理体系(NVQ)引入到华为的企业职业资格管理体系当中。

任正非提出了华为的优化政策,主要分为两个方面:一方面是从国外引进,另一方面是进行自我创新。在学习国外的先进管理经验、制度设计的同时，还注意在优化的时候并非对华为的管理、制度等全面推翻，所以，华为所坚持的优化实际上是一种改良主义，是在原有的基础上进行改良和完善。任正非认为，改进自己的时候，只有认真地自我批判，才能在实践中不断地吸收先进，优化自己。

为了能够改良成功，任正非还特别制定了对系统"先僵化，后优化，再固化"的变革政策，这是华为公司行之有效、管理进步的基本方针之一。这一方针意味着华为员工在改革初期要全面接受改革制度，要"削足适履"，要脱掉"草鞋"，换上一双"美国鞋"。虽然任正非明白"削足适履"是一件非常痛苦的事情，但早日学习国外的先进管理可以换来企业系统顺畅运行的喜悦，所以，为了让员工能够尽快适应改良后的新管理制度，华为将引进的国外管理理念与自身特点相结合，打造出一套量身定做的管理模式。

在竞争的过程中，每个人需要通过学习别人的优点来提升自我，企业同样也需要不断引进先进的管理理念和制度来优化自身，这样才能在竞争中不断提升自己的竞争优势；否则原地踏步、固步自封，永远不会让自己进步，又拿什么来战胜一直在不断提升自我的竞争对手？

创业笔记

市场竞争格局多变，在瞬息万变的市场环境中，企业唯有不断优化和提升自我，才能在市场环境中取得立锥之地。因此，当绝大多数企业在迫切地寻找与新竞争环境相匹配的经营管理模式时，你却还无动于衷，那么在这场白热化竞争中，留给你的只有死亡。